Heinrich Hemme

Das große
Rechenspiel

Schwächen verstehen –
Fehler vermeiden

KÖSEL

Inhalt

1 Einleitung

»In Mathematik war ich schon immer schlecht.« Diesen Satz hört man heute häufig. Ungeniert wird öffentlich bekannt, dass man schlecht rechnen kann und mit mathematischen Gleichungen nichts anzufangen weiß. In vielen Kreisen gilt es als ausgesprochen schick, nichts von Mathematik zu verstehen. Hingegen würde kaum jemand zugeben, wenn er Schwierigkeiten mit dem Lesen oder Schreiben hätte.

Für viele Menschen ist Mathematik tatsächlich ein Buch mit sieben Siegeln. Selbst Schulabgänger und Studenten technischer Fächer sind häufig ohne Taschenrechner nicht in der Lage, zweistellige Zahlen miteinander malzunehmen oder zwei Brüche zusammenzuzählen. Firmen können ihre Lehrstellen nicht besetzen, weil sich nicht genügend junge Menschen mit ausreichenden Rechenfähigkeiten finden. Hochschullehrer klagen darüber, dass viele Studierende mathematische Zusammenhänge nicht erfassen können. Woran liegt das?

Kinder und Jugendliche, die in einem Diktat oder Aufsatz mehr Rechtschreibfehler machen als andere oder die beim Lesen etwas schwächer sind, hat es schon immer gegeben und wird es in Zukunft auch weiterhin geben. Vor einigen Jahrzehnten jedoch erfuhren diese Kinder eine enorme Aufwertung. Die Leseschwäche wurde Legasthenie genannt und in den Rang einer Krankheit erhoben. Inzwischen ist sie wieder das geworden, was sie schon immer war: eine Lese- und Rechtschreibschwäche, die durch richtiges Lernen und Üben behoben werden kann.

Seit einiger Zeit grassiert an Stelle der Legasthenie eine neue Krankheit: die Arithmasthenie oder Dyskalkulie. In vielen

Fremdwörterbüchern sind diese beiden Begriffe, die nichts anderes als Rechenschwäche bedeuten, nicht zu finden. Es gibt Wissenschaftler, die glauben, Ursache der Rechenschwäche sei ein organischer Hirnschaden namens »minimale cerebrale Dysfunktion« (MCD). Ist also ein großer Teil unserer Schüler hirngeschädigt? Wohl kaum!

Tatsache ist, dass mit einer richtigen Lerntechnik in einer entsprechenden Lernumgebung jedes Kind rechnen lernen kann. Die Grundlagen der Mathematik werden in den ersten Schuljahren gelegt. Kinder, die sich nicht im Zahlenraum orientieren können, Kinder, die das kleine Einspluseins und das kleine Einmaleins nicht durch und durch verinnerlicht haben und jederzeit anwenden können, Kinder, die die grundlegenden Rechenmethoden nicht verstanden haben – diese Kinder geraten in einen Teufelskreis, dem sie nicht so leicht entfliehen können. Die Folge ist, dass die Mathematik die ganze Schulzeit über ein ungeliebtes Fach mit schlechten Noten bleibt und sich nicht selten sogar zum Angstfach entwickelt.

Dieses Buch kann helfen, den Teufelskreis der Rechenschwäche zu durchbrechen. Es zeigt Ihnen, wie Sie klären können, ob und warum Ihr Kind schlechter rechnet als andere Kinder. Es enthält Tests, mit denen Sie feststellen können, wo sich Ihr Kind schwer tut und welche Arten von Fehlern es macht. Es zeigt Ihnen, wie Sie das Rechnenlernen zu einem Spiel machen können, mit dem Ihr Kind systematisch seine Rechenschwäche überwinden kann, und es kann Ihnen helfen, für Ihr Kind die richtige Lernumgebung aufzubauen.

Das Buch ist in erster Linie für Eltern von Grundschulkindern gedacht, die Probleme mit dem Rechnen haben. Doch auch wenn die Kinder schon im fünften und sechsten Schuljahr sind und trotzdem immer noch nicht die vier Grundrechenarten sicher beherrschen, ist dieses Buch eine nützliche Hilfe.

Heinrich Hemme

2 Angstfach Mathematik

Das Fach Mathematik spielt in der Schule eine herausragende Rolle. Für die einen ist es das Angstfach schlechthin: In allen Fächern schreiben sie gute Noten, nur in Mathematik herrscht ein ständiger Kampf ums Überleben. Andere heimsen im Fach Mathematik eine Eins nach der anderen ein und werden von der ganzen Klasse dafür bewundert.

Warum ist an allen Schulen und in allen Klassen immer die Mathematik das Angstfach? Warum nicht Geografie, Geschichte oder Englisch? Die Mathematik muss sich in irgendeiner Weise von allen anderen Fächern unterscheiden.

Andere Schulfächer

Schauen wir uns Fächer wie Erdkunde oder Geschichte, Biologie oder Wirtschaftslehre an. Die Inhalte dieser Fächer bauen kaum aufeinander auf. Selbst wenn ein Schüler in einem dieser Fächer ein ganzes Jahr fehlen würde, so könnte er dem Unterricht im darauf folgenden Jahr verstehen, ohne vorher das Versäumte nachholen zu müssen.

Mathematik und Naturwissenschaften

Völlig anders hingegen ist es im Fach Mathematik und in naturwissenschaftlichen Fächern wie Physik oder Chemie.

Alles baut aufeinander auf. Fehlt beim Verständnis auch nur ein einziges Stück, so bricht das ganze Gebäude zusammen. Hat man die Grundrechenarten nicht verstanden, wird man keine negativen Zahlen und keine Bruchzahlen begreifen. Ohne das Verständnis der Grundrechenarten und der Brüche wird man Gleichungen mit einer Variablen niemals auflösen können.

Auswendig lernen nützt nichts

Den meisten Kindern fällt es viel leichter, etwas auswendig zu lernen, als etwas zu begreifen. Das Auswendiglernen ist in manchen Fächern auch durchaus sinnvoll. An Vokabeln zum Beispiel gibt es nichts zu begreifen. Im Wesentlichen geht es darum, sich etwas zu merken.

Im Mathematikunterricht nützt das Auswendiglernen erheblich weniger als in allen anderen Fächern. Im Großen und Ganzen muss man eine Sache erst begreifen, bevor man sie sich einprägen kann.

Ein Beispiel dafür ist der Dreisatz. Sicherlich ist Ihnen schon einmal eine nicht ganz ernst gemeinte Aufgabe wie diese begegnet:

»Zwei Arbeiter graben in zwanzig Minuten ein einen Meter tiefes Loch. Wie tief wird das Loch, wenn tausend Arbeiter zwanzig Minuten lang graben?«

Schüler, die das Dreisatzverfahren einfach auswendig gelernt haben, ohne seinen Sinn und Zweck verstanden zu haben, erhalten häufig als Lösung: »500 Meter«.

Dass die Mathematik so oft als ein Angstfach erscheint, hat also zwei Ursachen:

1. Punktuelle Wissenslücken verhindern das weitere Verständnis der Mathematik.
2. Beim Mathematikunterricht geht es in erster Linie um das Begreifen, weniger um das Auswendiglernen.

3 Rechenschwäche – was ist das?

Jedes gesunde Kind kann lesen, schreiben, Rad fahren, schwimmen und selbstverständlich auch rechnen lernen!
Trotzdem gibt es Unterschiede, wie das Beispiel Schwimmen zeigt. Manche Kinder brauchen nur zwei, drei Stunden mit den Eltern zu üben und können dann schwimmen. Andere wiederum benötigen monatelangen Schwimmunterricht bei einem Schwimmlehrer. Darüber wundert sich niemand. Es können eben nicht alle Menschen gleich gut schwimmen. Dafür kann es die verschiedensten Gründe geben, sicherlich aber keine Krankheit namens »Schwimmschwäche«.
Mit dem Rechnen lernen verhält es sich genauso wie mit dem Schwimmen lernen. Manchen Kindern fällt es relativ leicht, andere müssen es sich mühsam erarbeiten. Für diesen Unterschied gibt es viele Gründe, aber an einer Krankheit namens »Rechenschwäche« liegt es bestimmt nicht.

Rechenschwäche erkennen und beheben

Doch rechnen zu können hat in unserer Kultur eine sehr viel höhere Bedeutung, als schwimmen zu können. Eine berufliche Karriere ist ohne grundlegende mathematische Kenntnisse unmöglich. Nichtschwimmer hingegen können ohne weiteres bis in die Chefetagen großer Konzerne aufsteigen. Darum untersucht die Wissenschaft natürlich gründlich, warum manchen Kindern das Rechnen lernen schwerer fällt als anderen, und widmet dem gleichen Problem beim Schwimmen so gut wie keine Aufmerksamkeit.

Da die Wissenschaft gerne mit wohlklingenden Fremdwörtern jongliert, nennt sie die Rechenschwäche auch »Arithmasthenie« oder »Dyskalkulie«. Dennoch steckt hinter diesen Wörtern nichts anderes als das, was jeder schon immer wusste: Manchen Kindern fällt das Rechnen lernen etwas schwerer als anderen. Das ist alles!

Es gibt beinahe ebenso viele Definitionen des Begriffs »Rechenschwäche« wie es Wissenschaftler gibt, die sie untersuchen. Je nachdem, ob es sich um Pädagogen, Psychologen oder Mediziner handelt, fallen die Definitionen recht unterschiedlich aus.

In diesem Buch aber wird die Rechenschwäche ganz pragmatisch gesehen: Ein Kind hat eine Rechenschwäche, wenn es mit seinen Leistungen in Mathematik ständig hinter denen seiner Klassenkameradinnen und -kameraden zurückliegt.

Doch auch wenn wir die Dyskalkulie nur als das ansehen, was sie eigentlich ist, so ist es selbstverständlich trotzdem wichtig, möglichst frühzeitig zu erkennen, ob ein Kind rechenschwach ist. Denn dann können wir sofort gegensteuern, sodass es gar nicht erst zu dem Teufelskreis aus schlechten Noten, Lustlosigkeit und Angst kommt.

Wenn Rechenschwäche das erste Mal auftaucht

Sobald im Mathematikunterricht Tests und Klassenarbeiten geschrieben werden, ist eine Rechenschwäche natürlich leicht zu erkennen. Den Eltern offenbart sie sich vorher weniger deutlich. Auch verschweigen die Lehrer den Eltern gegenüber häufig aus falsch verstandener Höflichkeit, dass sie bei einem Kind eine Rechenschwäche sehen. Natürlich finden sich in den Zeugnissen der ersten Schuljahre, in denen es noch keine Noten gibt, Bemerkungen wie »… braucht sehr viel Zeit«, »… löst die Aufgaben nur mit Hilfsmitteln«, »… benötigt sehr viel Zuwendung« oder »… muss noch viel üben«. Doch davon abgesehen, sind die Eltern zu Beginn der Schulzeit auf die Beobachtung und Deutung von *indirekten* Hinweisen angewiesen.

Schon zu Anfang des ersten Schuljahres bringen alle Kinder unterschiedliche Voraussetzungen mit: hinsichtlich der sozialen Herkunft, der geistigen und körperlichen Veranlagung, der Erfahrungen in der Familie und im Kindergarten, der Entwicklung und der Persönlichkeit. Trotzdem sollen sie nun alle zum ersten Mal in ihrem Leben denselben Stoff zur selben Zeit mit demselben Tempo nach derselben Methode lernen. Den meisten Kindern gelingt es mehr oder weniger gut, sich daran zu gewöhnen. Einige Kinder in jeder Klasse haben damit jedoch Schwierigkeiten. Die Frage, die sich nun stellt, lautet: Welche Schwierigkeiten sind noch als normal anzusehen und verschwinden mit der Zeit von alleine, und welche sind problematisch und werden sich verstärken, sodass eine Rechenschwäche entstehen kann?

Die ersten Beobachtungen können Eltern schon in der Vorschulzeit machen: Es spielen nicht alle Kinder mit den gleichen Spielsachen. Aufschlussreich ist, ob ein Kind immer nur mit fertigem Spielzeug (wie Puppen oder Autos) spielt oder ob es gerne Puzzles zusammensetzt und mit Bauklötzen und Legosteinen Türme und Puppenstuben baut. Denn das Spiel mit Puzzles und Legosteinen trainiert das geometrische Vorstellungsvermögen, eine der wichtigsten Voraussetzungen für das Mathematikverständnis. Kinder, die Puzzles und Legosteine ablehnen, haben also schon von ihrem ersten Schultag an beim Rechnen lernen einen Nachteil. Bei diesen Kindern sollten Eltern von vornherein besonders aufmerksam sein.

Rechnen im ersten Schuljahr

Manche Kinder können bei ihrer Einschulung schon bis zehn zählen und mit Hilfe ihrer Finger kleine Zahlen addieren. Nach einem halben Jahr Schulunterricht sind schließlich alle Kinder in der Lage, folgende Aufgabe zu rechnen:

»Mutter war auf dem Markt und hat drei Tomaten und fünf Gurken gekauft. Wie viele Teile Gemüse sind das insgesamt?«

Doch die Verfahren, die die Kinder dazu anwenden, können sehr verschieden sein. Anna beispielsweise legt drei rote Rechenstäbchen für die Tomaten und fünf grüne Stäbchen für die Gurken nebeneinander auf den Tisch. Dann zählt sie alle Stäbchen und erhält so das richtige Ergebnis.

Christina sagt: »Eine Hand ist fünf.« Nun streckt sie für die Tomaten drei Finger der linken Hand aus und zählt mit dem Zeigefinger der rechten Hand: »Sechs, sieben, acht.«

David braucht keinerlei Hilfsmittel. Er muss auch nicht rechnen, denn er kann alle Ergebnisse des kleinen Einspluseins auswendig und sagt deshalb spontan: »Acht.«

Auffällig bei rechenschwachen Kindern ist, dass sie erst viel später als andere Kinder auf Rechenhilfen verzichten.

Bei Anna muss man schon hellhörig werden. Sie hat den abstrakten Zahlbegriff noch nicht verstanden und rote Tomaten durch rote Stäbchen und grüne Gurken durch grüne Stäbchen ersetzt und dann gezählt, statt zu rechnen.

Christina rechnet zwar auch noch mit den Fingern, aber sie setzt erworbenes Wissen über Zahlen und Methoden geschickt ein: Sie weiß, dass man die beiden Summanden der Addition vertauschen darf, dass es einfacher ist, mit dem größeren Summanden zu beginnen, und dass eine Hand fünf Finger hat.

David ist ein Musterbeispiel. Er kann sich im Zahlenraum bis zehn orientieren und kennt das kleine Einspluseins auswendig. Das sollte ein Kind im ersten Schuljahr lernen.

4 Ursachen der Rechenschwäche

Die Ursachen der Rechenschwäche sind nicht bekannt. Verschiedene Theorien dafür werden in der Wissenschaft untersucht.

Am weitesten geht ein Ansatz, der die Rechenschwäche zur Krankheit machen will. Dabei wird eine leichte frühkindliche Hirnschädigung angenommen, die zu Leistungsschwächen in einzelnen Bereichen des Gehirns geführt und die Rechenfähigkeit des Kindes vermindert habe. Diese Hirnschädigung wird »minimale cerebrale Dysfunktion« (MCD) genannt.

Eine andere Theorie nimmt an, dass das Kind als Säugling zu wenig Sinnesanregungen bekommen hat. Dies wird auch mit dem Fachbegriff »sensorische Deprivation« bezeichnet.

Eine dritte Theorie reicht zeitlich noch weiter zurück. Nach ihr ererbt das Kind die Rechenschwäche von seinen Vorfahren.

Was passiert, wenn wir falsch rechnen?

Andere Wissenschaftler glauben, dass die Rechenschwäche einfach darauf beruht, dass das Kind nicht ausreichend und nicht mit der richtigen Methode rechnen übt.

Oft wird dem menschlichen Denken ein Modell zugrunde gelegt, das an einen Computer erinnert. Das Lösen einer Rechenaufgabe ist in dieser Betrachtungsweise nichts anderes als eine Kette aus Informationsaufnahme, -verarbeitung und -ausgabe.

Beispielsweise können Störungen bei der Information*saufnahme* darin liegen, dass das Kind nur oberflächlich wahrnimmt. Dann werden zwei Zahlen addiert, obwohl zwischen ihnen ein Malpunkt steht, oder es werden einfach einzelne Ziffern einer Rechnung übersehen.

Eine gestörte Informations*verarbeitung* hingegen kann bewirken, dass das Kind Textaufgaben ganz anders versteht, als sie gemeint sind, oder dass es bei einer fehlerhaften Rechnung ein völlig unsinniges Ergebnis als richtig ansieht.

Ein Geflecht von Ursachen

Fast alle Wissenschaftler sind sich einig, dass eine Rechenschwäche nicht von einer einzigen Ursache herrührt.

Rivalität unter den Geschwistern, Trennung der Eltern, mangelnde Betreuung oder eine Überbehütung, Umzüge und Geldsorgen der Eltern können eine Rechenschwäche auslösen. Auch in der Schule können viele Ursachen liegen: ein häufiger Lehrerwechsel, ein Wechsel der Rechenlehrmethode, verschiedene Rechenmethoden bei Lehrern und Eltern, zu große Klassen, Schulangst.

Eine geringe Intelligenz erschwert das Erlernen von Mathematik. Doch auch ein durchschnittlich oder überdurchschnittlich intelligentes Kind kann beim Rechnen lernen versagen. Dies kann an einer einseitigen Verteilung der Intelligenz liegen.

Häufig ist es so, dass Kinder, die eine hohe sprachliche Intelligenz besitzen, im Handlungsbereich deutlich schwächer sind. Handlungen stellen nun aber in den ersten Schuljahren die Grundlage des Rechnens dar. Da das Erlernen von Mathematik während der gesamten Grundschulzeit stark auf einem visuellen und räumlichen Vorstellungsvermögen beruht, ist ein

Zusammenhang zwischen der festgestellten Rechenschwäche und einer derartigen einseitigen Intelligenzverteilung nicht unwahrscheinlich.

Die Bedeutung der Wahrnehmung

Eine grundlegende Voraussetzung für das Lernen ist es, Sinneseindrücke wahrzunehmen und zu verarbeiten.

Genau hinzusehen, sich Bilder und Formen einzuprägen, Gesichter wiederzuerkennen sind die visuellen Fähigkeiten, die Kinder im ersten Lebensjahr erlernen. Später lernen sie, Bildausschnitte einzuordnen und Formen in veränderter Umgebung zu erkennen. Sie lernen, dass sich Gegenstände verändern, wenn man den Kopf dreht oder neigt, wenn man ihnen näher kommt oder sich entfernt oder wenn man sie von oben statt von vorne betrachtet. Sie können ein Puzzle zusammensetzen und Bauklötze der Größe nach aufeinander stellen.

Viele rechenschwache Kinder verwechseln bei Formen und Bildern links und rechts sowie oben und unten. Sie können beispielsweise den Unterschied zwischen 53 und 35 nicht erkennen und 6 und 9 oder Nenner und Zähler bei Brüchen vertauschen. Sie haben oft große Mühe, die korrekte Richtung bei Rechenverfahren einzuhalten, z.B. bei der schriftlichen Multiplikation oder Division. Auch fällt es ihnen schwer, einen Gegenstand anhand eines Ausschnittes zu identifizieren oder ihn in einer ungewohnten Umgebung zu erkennen.

Sehr früh bildet sich die akustische Wahrnehmung aus: Kinder lernen Stimmlagen, Tonhöhen und Klangfarben zu unterscheiden. Sie können sich Rhythmen, Geräusche, Wörter und Texte merken. Sie entwickeln Vorstellungen von Dingen, die sie nur gehört, aber nie gesehen haben. Sie merken, dass sich Geräusche verändern.

Lernen geschieht zu einem Großteil dadurch, dass ein Kind etwas Gesprochenes hört und die Information in sich aufnimmt. Viele Dinge lernt es dadurch, dass es sie laut aufsagt und sich dabei selbst zuhört. Gedichte und das kleine Einmaleins gehören beispielsweise dazu.

Bei Kindern, deren akustische Wahrnehmung gestört ist, beobachtet man deshalb häufig, dass sie zwar behalten können, was der Lehrer erklärt, dass es ihnen aber nicht gelingt, den Sinn des Gesagten zu erfassen.

Viele rechenschwache Kinder haben eine schlecht ausgebildete Vorstellung über die Lage und Bewegung ihres eigenen Körpers im Raum. Sie können sich schlecht in einer fremden Umgebung orientieren und eine beim Gehen eingeschlagene Richtung nicht über eine längere Strecke einhalten. Diese Kinder haben vor allem Schwierigkeiten mit der Geometrie.

Stützende Fähigkeiten erleichtern das Lernen

Gut entwickelte Wahrnehmungsfähigkeiten sind die Grundvoraussetzungen des Lernens. Sie alleine reichen aber noch nicht aus.

Das Kind braucht ein gutes Kurzzeit- und ein ebenso gutes Langzeitgedächtnis. Es muss sich konzentrieren, aufmerksam sein und Ausdauer haben. Es muss abstrahieren können.

Wenn es sieht, dass zwei Murmeln und noch weitere zwei Murmeln vier Murmeln ergeben und zwei Äpfel und noch zwei Äpfel vier Äpfel, dann muss es dahinter das allgemeine Prinzip $2 + 2 = 4$ entdecken können.

Es muss verschiedene gedankliche Tätigkeiten gleichzeitig ausführen. Zum Beispiel sollte es in der Lage sein, sich ein Zwischenergebnis zu merken und gleichzeitig zwei Zahlen zusammenzuzählen. Es muss ein allgemeines Wissen aus dem Langzeitgedächtnis verfügbar haben, also beispielsweise das kleine Einspluseins und das kleine Einmaleins auswendig können.

5 Nachhilfeunterricht

Wenn ein Kind schlechte Noten in den Mathematikarbeiten schreibt, bekommt es oft Nachhilfeunterricht. Das ist der übliche Weg, den Eltern gehen, um ihrem Kind zu helfen. Oft führt dieser Weg auch zum Ziel. Nicht selten aber nützt der Nachhilfeunterricht gar nichts, und die Leistungen des Kindes werden noch schlechter. Manchmal schreibt das Kind zunächst sogar einige bessere Arbeiten, um kurze Zeit später umso tiefer abzustürzen.

Wenn der Nachhilfeunterricht nichts nützt

Woran liegt dies? Die Kinder, die die richtigen Verfahren für das Lösen bestimmter mathematischer Aufgaben, wie beispielsweise die schriftliche Addition oder Multiplikation, nicht verstanden haben, erfinden eigene, fehlerhafte Methoden, mit denen sie die Aufgaben bearbeiten. Wenn nun der Nachhilfelehrer erklärt: »Richtig wird das so gerechnet …«, geraten diese Kinder in einen Zwiespalt. Sie schwanken zwischen zwei Rechenregeln: der eigenen, die ihnen einleuchtend erscheint, und der des Nachhilfelehrers. Welche Regel die Kinder dann tatsächlich benutzen, ist oft eine Frage des Zufalls und kann von Aufgabe zu Aufgabe schwanken. Wenn der

Nachhilfelehrer merkt, dass das Kind die Aufgaben manchmal richtig und manchmal falsch rechnet, schließt er daraus meistens, dass die Übung fehlt. Doch gerade weitere Übungen werden das falsche Rechenverhalten des Kindes auf Dauer noch verschlimmern.

Häufig führt der Nachhilfeunterricht zu etwas, was zunächst einmal wie ein Erfolg aussieht. Das Kind beugt sich der Autorität des Nachhilfelehrers. Es ersetzt sein eigenes Lösungsverfahren, das ihm eingeleuchtet hat, durch das des Nachhilfelehrers, das es zwar nicht versteht, aber auswendig lernt.

Dieses Auswendiglernen bringt bei den nächsten Klassenarbeiten mit ziemlicher Sicherheit auch den gewünschten Erfolg. Aber spätestens dann, wenn für neue Aufgabentypen neue Methoden erlernt werden, die auf den alten aufbauen, scheitert dieses Kind völlig.

Was ist beim Nachhilfeunterricht falsch gemacht worden? Dem Kind ist nur gesagt worden, wie es die Aufgaben richtig rechnen muss. Es wurde ihm nie erklärt, warum seine eigenen Methoden falsch sind. In der Regel versuchen die Nachhilfelehrer auch gar nicht erst festzustellen, welche Denkfehler des Kindes zu den falschen Methoden geführt haben. Die Folge davon kann sein, dass manche Kinder, die mit Nachhilfeunterricht jahrelang befriedigende Noten bei den Klassenarbeiten geschrieben haben, plötzlich auf eine Fünf abstürzen und es nicht mehr schaffen, aus dieser Misere wieder herauszukommen.

Die Ursache für das Versagen liegt meistens schon Jahre zurück. Und solange diese Ursache nicht erkannt und beseitigt worden ist, wird das Kind auch als Jugendlicher oder Erwachsener immer schlecht in Mathematik bleiben.

Wenn Sie also mit Ihrem Kind lernen, sollten Sie die Fehler des Nachhilfeunterrichts unbedingt vermeiden. Wie aber macht man es besser? Um das zu verstehen, müssen wir etwas weiter ausholen.

Die Mathematik in der Grundschule

Schauen Sie sich einmal die Inhaltsverzeichnisse der Rechenbücher Ihres Kindes an. In den vier Grundschuljahren wird immer, unabhängig vom Bundesland oder den benutzten Büchern, etwa folgender Stoff behandelt:

Schuljahr	Zahlenraum	Rechnungen	Größen
1.	bis 20	Addieren, Subtrahieren, Zerlegen, Ergänzen	Euro, Cent
2.	bis 100	Multiplizieren, Dividieren	cm, m, Zeit, Kalender
3.	bis 1 000	Schriftliches Addieren, schriftliches Subtrahieren, halbschriftliches Multiplizieren, halbschriftliches Dividieren	mm, cm, dm, m, km, g, kg, t, ml, l, hl
4.	bis 1 000 000	Addition von mehr als zwei Zahlen, Subtraktion von mehr als zwei Zahlen, schriftliches Multiplizieren, schriftliches Dividieren	Zeitspannen, Fahrzeiten

Hinzu kommen noch Sachaufgaben (Textaufgaben), in denen das Rechnen mit Zahlen auf konkrete Probleme des täglichen Lebens angewendet werden muss, und in geringem Umfang auch elementare Begriffe der Geometrie wie Flächen, Körper und Symmetrien.

Etwas vereinfacht gesehen, ist der Mathematikunterricht der Grundschule also folgendermaßen aufgebaut:

➤ In den ersten beiden Schuljahren lernen die Kinder den Zahlenraum von 1 bis 100 kennen und trainieren, sich »blind« in ihm zurechtzufinden.

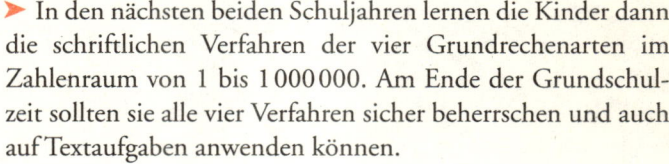

In diesem Zahlenraum lernen sie das Kopfrechnen in den vier Grundrechenarten.

Am Ende dieser Schuljahre sollten sie das kleine Einspluseins, das kleine Einsminuseins und das kleine Einmaleins so perfekt auswendig können, dass sie zeit ihres Lebens das Ergebnis von 3 + 4 oder von 6 · 7 wissen und nie wieder berechnen müssen.

➤ In den nächsten beiden Schuljahren lernen die Kinder dann die schriftlichen Verfahren der vier Grundrechenarten im Zahlenraum von 1 bis 1 000 000. Am Ende der Grundschulzeit sollten sie alle vier Verfahren sicher beherrschen und auch auf Textaufgaben anwenden können.

Wenn man dies liest und auch einmal an seine eigene Grundschulzeit zurückdenkt, kann man leicht den Eindruck gewinnen, im Mathematikunterricht der ersten vier Schuljahre müssten die Kinder nur lernen,

1. wie das dekadische Zahlensystem aufgebaut ist.
2. zwei Zahlen abzuschreiben, dazwischen eines von vier Rechenzeichen zu setzen, dahinter ein Gleichheitszeichen zu malen und schließlich rechts daneben das richtige Ergebnis zu schreiben.

Doch dieser Eindruck täuscht. Auch unsere Erinnerung an die eigene Grundschulzeit lässt uns hier im Stich.

Die Kinder müssen eine unglaubliche Menge von Informationen bewältigen. Es ist in der gebotenen Kürze gar nicht möglich, diese alle aufzulisten. Werfen wir aber dennoch einmal einen Blick darauf:

➤ Die Kinder müssen ein Gefühl für Mengen und Anzahlen entwickeln: Was ist viel? Was ist wenig? Welche Menge ist größer, und welche ist kleiner? Sie lernen, Mengen durch Zahlen zu beschreiben. Kleine Anzahlen von Dingen müssen sie auf einen Blick erfassen können. Unsere Kinder müssen sich die Zahlennamen einprägen und dann damit zählen üben, bis sie es flüssig beherrschen.

➤ Die Kinder müssen eine Fachsprache lernen mit seltsamen Ausdrücken wie »plus«, »minus«, »kleiner«, »größer«, »gleich«, »mal« und »geteilt«. Sie müssen lernen, dass man diese Fachausdrücke auch durch die Symbole »+«, »–«, »<«, »>«, »=«, »·« und »:« darstellen kann. Und sie erfahren, dass man den Satz »Sieben plus fünf gleich zwölf« als »$7 + 5 = 12$« schreibt.

➤ Sie sollten wissen, »+« heißt, dass etwas hinzugegeben wird, und »–«, dass etwas weggenommen wird. Die Lösungszahl wird also im ersten Fall größer und im zweiten Fall kleiner werden als die Ausgangzahl. Sie müssen lernen, dass auf beiden Seiten des Symbols »=« insgesamt die gleiche Menge oder Anzahl stehen muss und dass bei dem Symbol »>« die Menge oder Anzahl auf der linken Seite und bei »<« die auf der rechten Seite größer sein muss.

➤ Die Kinder müssen lernen, dass das Symbol »·« für eine Multiplikation steht, die nichts anderes ist als eine Kurzschreibweise für eine besondere Addition: $6 \cdot 3$ bedeutet $3 + 3 + 3 + 3 + 3 + 3$. Außerdem müssen sie lernen, dass das Symbol »:« für eine Division steht, die im Grunde nichts anderes ist als eine Kurzschreibweise für eine fortgesetzte Subtraktion: Gesucht ist die Zahl, die angibt, wie oft man subtrahieren muss, bis 0 herauskommt.

➤ Die Kinder müssen sich in den Zahlenräumen von 1 bis 10, später bis 20, dann bis 100 und 1000 orientieren lernen.

➤ Sie entwickeln eine innere Vorstellung von den Zahlen und ihren Positionen auf dem Zahlenstrahl, damit sie im Kopf und ohne Hilfsmittel wie Finger oder Stäbchen rechnen können. Sie müssen das Dezimalsystem begreifen mit seiner Zehnerbündelung und dem Stellenwert einer Ziffer.

➤ Die Kinder müssen mit der Zehnerbündelung umgehen lernen. Sie müssen Zahlen zu Zehnerbündeln zusammenfassen können, ohne noch wirklich darüber nachzudenken, aber sie sollten sie auch wieder auflösen können, wenn die Berechnungen es erfordern.

➤ Bei mehrteiligen Aufgaben der schriftlichen Addition, Subtraktion, Multiplikation und Division müssen die Kinder sich komplexe Rechenverfahren merken, die aus vielen Teilschritten bestehen. Hier ist das Kurzzeitgedächtnis außerordentlich stark gefordert. Sie müssen den Ablauf dieses Verfahrens geistig organisieren und in der Lage sein, sich Zwischenergebnisse zu merken, um sie zum richtigen Zeitpunkt wieder abzurufen und weiterzuverarbeiten.

Dies ist selbstverständlich noch lange nicht alles, was im Mathematikunterricht der vier Grundschuljahre gelehrt wird. Aber die Auflistung gibt Ihnen einen kleinen Einblick, wie umfangreich und komplex der Stoff ist, den unsere Kinder bewältigen müssen.

Dazu kommen natürlich noch alle anderen Schulfächer, die keineswegs weniger Anforderungen an die kleinen Schüler stellen. Verglichen mit dem, was wir Erwachsenen uns in vier Jahren an neuem Wissen aneignen, erbringen unsere Kinder in den ersten vier Schuljahren eine enorme Leistung. Seien wir also nicht zu streng mit den lieben Kleinen, wenn es mit dem Rechnen lernen nicht immer perfekt klappt und sie mit Schwierigkeiten kämpfen.

7 Fehlerklassen

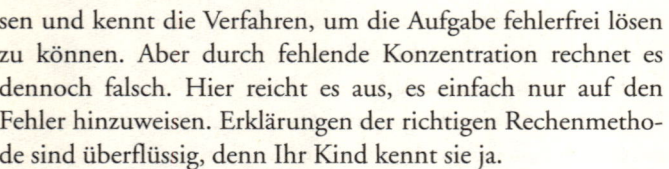

Die Rechenfehler Ihres Kindes
sind keine Zufallsprodukte,
sondern haben bestimmte, nach-
vollziehbare Ursachen. Wir
werden sie im Folgenden
der Reihe nach betrachten.
Viele Fehler sind reine
Flüchtigkeitsfehler. Ihr Kind
hat zwar das mathematische Wis-
sen und kennt die Verfahren, um die Aufgabe fehlerfrei lösen
zu können. Aber durch fehlende Konzentration rechnet es
dennoch falsch. Hier reicht es aus, es einfach nur auf den
Fehler hinzuweisen. Erklärungen der richtigen Rechenmetho-
de sind überflüssig, denn Ihr Kind kennt sie ja.
Macht ein Kind aber ständig Flüchtigkeitsfehler, und zwar
wesentlich mehr als andere Kinder, so stimmt die Lernumgebung in der Schule oder zu Hause nicht. Oft werden vom
Lehrer oder von den Eltern Fehler, die gar keine Flüchtigkeitsfehler sind, trotzdem für solche gehalten. Auch in diesem
Fall wäre es falsch, nur auf den Fehler hinzuweisen, denn das
hilft dem Kind nicht weiter. Die echten Flüchtigkeitsfehler
werden in Kapitel 8 genauer beschrieben.
Neben den Flüchtigkeitsfehlern gibt es noch die systematischen Fehler. Wenn ein Kind ein mathematisches Prinzip oder
ein Rechenverfahren nicht verstanden hat, so denkt es sich
eine eigene Methode aus, um die gestellten Aufgaben zu lösen.
Rechenschwache Kinder denken also, genau wie erfolgreiche
Kinder, über die Aufgaben nach. Sie raten nicht nur völlig

willkürlich herum. Um diesen Kindern helfen zu können, muss man erkennen, wie ihre selbst gebastelten Rechenregeln zu Stande kommen. Erst dann kann man ihnen sagen, warum diese Regeln nicht funktionieren, um ihnen danach schließlich die richtigen Regeln zu erklären und sie mit ihnen zu üben.

In den Kapiteln 9 und 10 sind die typischen Fehlerarten und selbst erfundenen Rechenverfahren beschrieben, die von rechenschwachen Kindern gemacht werden.

Zwischen den Flüchtigkeitsfehlern und den systematischen Fehlern gibt es noch eine weitere Fehlerklasse. Komplexe Aufgaben, wie beispielsweise das schriftliche Dividieren, das aus vielen Teilschritten besteht, stellen besondere Anforderungen. Ihr Kind muss den Ablauf des Verfahrens organisieren, eine Reihe von Rechnungen nacheinander durchführen und sich etliche Zwischenergebnisse merken. Dabei kann es zu einer Überlastung des Gedächtnisses kommen, und das Kind macht Fehler, obwohl es diese Aufgaben im Prinzip lösen könnte. Die Ursache dieser Überlastung ist, dass das Kind die Grundrechnungen wie das kleine Einspluseins und das kleine Einmaleins nicht auswendig beherrscht und deshalb bei jeder Aufgabe alle Elementarrechnungen neu durchführen muss.

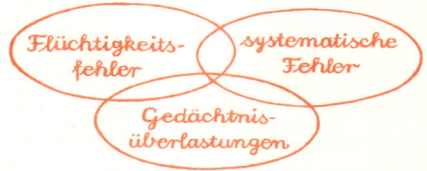

Natürlich sind die Grenzen zwischen den einzelnen Fehlerklassen unscharf. Mancher Flüchtigkeitsfehler wird wegen einer Überlastung des Gedächtnisses gemacht. Auch systematische Fehler können entstehen, weil ein Kind wegen einer Überlastung des Gedächtnisses ein Rechenverfahren nicht begriffen hat.

8 Flüchtigkeitsfehler

Wenn ein Kind sich nicht auf die Rechenaufgaben konzentriert, macht es Flüchtigkeitsfehler. Es gibt zwei grundsätzlich verschiedene Arten von Konzentrationsstörungen. Bei der einen ist das Kind nicht genügend motiviert, die Aufgaben lösen zu wollen. Es wendet deshalb seine Aufmerksamkeit nicht ausschließlich der Aufgabe zu, sondern lässt seine Gedanken umherschweifen. Dieses Kind ist zu wenig konzentriert. Bei der zweiten Art der Konzentrationsstörung bemüht sich das Kind besonders stark, alles richtig zu machen. Es hat Angst zu versagen und verkrampft sich.

Das Kind denkt an andere Dinge

Beobachten Sie Ihr Kind beim Lernen. Bei der ersten Art der Konzentrationsstörung ist das Kind häufig verträumt und verspielt, fahrig, lustlos und gleichgültig. Oft ist die Ursache in einer fehlenden Erziehung zur Selbstständigkeit zu finden.
Eine amerikanische Untersuchung hat ergeben, dass Kinder, die von ihren Eltern im Alter von etwa zweieinhalb bis vier Jahren zum selbstständigen Handeln angeleitet wurden, sich später viel besser auf das Lernen konzentrieren konnten. Eltern, die ihre Kinder verhätscheln, nehmen ihnen das eigenständige Denken und das Planen von Handlungen ab. Nun will das Kind auch seine Schularbeiten nicht alleine machen und verlässt sich zu sehr auf die Hilfe der Eltern.

Eine Überfürsorglichkeit ist allerdings nur *eine* mögliche Ursache für Konzentrationsstörungen der ersten Art. Wenn das Kind zu wenig gefördert wurde, stellt sich oft Unlust gegenüber allem ein, was nach Arbeit und Leistung aussieht.

Natürlich können auch Kinder, die genügend gefördert und zur Selbstständigkeit erzogen worden sind, Konzentrationsprobleme haben. Andere Dinge erscheinen ihnen wichtiger als die Rechenaufgaben. Das kann ein unbewältigter Konflikt mit den Geschwistern, den Eltern oder Freunden sein, die erste große Liebe oder die Vorfreude auf eine Ferienreise.

Die Angst zu versagen

Kommen wir nun zur zweiten Art der Konzentrationsstörungen. Das Kind ist zu stark konzentriert, hat Angst zu versagen. Es kann die Kritik des Lehrers oder das Lachen der Mitschüler noch ganz gut verkraften, aber die Missbilligung der Eltern lähmt jede Freude am Lernen.

Selbst ein leichter Tadel kann vom Kind als tiefe Kränkung empfunden werden. Zudem zählt für ein Kind nicht nur, was die Eltern sagen, sondern auch, wie sie es sagen. Was für die Eltern wie eine Erklärung von Rechenregeln klingt, nur ein Hinweis oder ein Ansporn sein soll, nimmt das Kind als Ablehnung seiner Person wahr. Die Folge ist ein völlig verkrampftes Bemühen, keine Fehler zu machen.

Soll man also lieber gar nichts sagen, wenn ein Kind eine Fünf mit nach Hause bringt? Das wäre die falsche Entscheidung. Denn in Mimik und Gestik ist Ihre Unzufriedenheit mit der Leistung des Kindes wahrscheinlich deutlich zu sehen.

Was soll man also tun? Sie könnten sagen: »Schade, dass es eine Fünf geworden ist, wo du doch so fleißig warst und so viel geübt hast. Wir werden das schon in den Griff bekommen.« Ihr Kind weiß nun, dass es nichts zu befürchten hat, wenn es wieder einmal eine Fünf schreibt.

9 Systematische Fehler im ersten und zweiten Schuljahr

In diesem und im nächsten Kapitel werden Ihnen typische systematische Fehler vorgestellt, die Kinder in der Grundschulmathematik machen. Die Zuordnung dieser Fehler zu den vier Schuljahren bedeutet nur, dass sie bei mathematischen Aufgaben auftreten, die zum Lernstoff dieser Schuljahre gehören. Einige Fehler sind altersunabhängig: Sie werden von Grundschülern gemacht, von Mittel- und Oberstufenschülern und sogar noch von Studenten.

Zu allen systematischen Fehlern finden Sie in diesem Kapitel kleine Tests. Wenn Sie diese Tests mit Ihrem Kind durchführen, wissen Sie anschließend relativ sicher, welche systematischen Fehler Ihr Kind macht. Die Testaufgaben sollten spielerisch und ohne jeden Zeitdruck gelöst werden. Versuchen Sie Flüchtigkeitsfehler auszuschließen. Zählen und rechnen Sie nur dann mit Ihrem Kind, wenn es auch tatsächlich den Kopf dafür frei hat.

Zahlen

Das sind die systematischen Fehler, die Grundschüler bei Zahlen allgemein machen:

Der Zahlenbegriff ist nicht verstanden worden. Das Kind betrachtet alle Zahlen als eigenständige Dinge, die in keinem Zusammenhang stehen. Wenn man ihm sechs aufeinander gesteckte Legosteine gibt und sagt: »Das ist eine Sechs. Baue jetzt daraus eine Fünf«, so nimmt es zuerst alle sechs Steine auseinander und steckt anschließend wieder fünf zusammen. Einfach nur einen Stein wegzunehmen – auf diese Idee kommt es nicht.

Das Zählen von Dingen gelingt nicht. Das Kind ordnet beim Zählen nicht jedem Gegenstand genau ein Zahlwort zu. Es zeigt zwei Mal nacheinander auf dasselbe Ding und zählt es deshalb doppelt. Oder es zeigt auf zwei Gegenstände gleichzeitig und nennt dabei nur ein Zahlwort. Oft passiert dies mit dem siebten Gegenstand, denn »Sieben« ist das einzige zweisilbige Zahlwort bis zur Zwölf. Das Kind ordnet beim Sprechen jedem Gegenstand nicht ein Wort, sondern nur eine Silbe zu:

eins zwei drei vier fünf sechs sie -ben acht neun zehn

● ● ● ● ● ● ● ● ● ● ●

Das Schreiben der Zahlen ist fehlerhaft. Aus 6 wird 9, und aus 9 wird 6. Die 3 wird spiegelverkehrt geschrieben und zum großen E. Manche Kinder haben Mühe, die Zahlenzeichen den Zahlenwörtern zuzuordnen.

Dass selbst Erwachsenen das Zählen nicht immer leicht gefallen ist, kann man noch heute an einigen Überbleibseln in unserer Sprache erkennen. Der Festtagsname Pfingsten ist aus dem griechischen Wort »pentekoste« entstanden und bedeutet: 50. Tag nach Ostern. Zählt man nach, stellt man jedoch fest, dass Pfingsten schon auf den 49. Tag nach Ostern fällt. Ähnlich ist es, wenn man sagt: »Wir treffen uns in acht Tagen wieder.« Normalerweise ist mit diesen acht Tagen eine Woche gemeint, und die hatte schon immer nur sieben Tage.

Test

Kann Ihr Kind richtig zählen?

Lassen Sie Ihr Kind verschiedene Dinge laut zählen und anschließend das Ergebnis aufschreiben. Es sollten möglichst nicht die Finger sein, denn diese können fast alle Kinder zählen. Nehmen Sie lieber einfache Dinge des Alltags: die Blumen auf der Fensterbank, die Löffel in der Besteckschublade, die Stufen der Treppe oder die Rippen des Heizkörpers.

Grund- und Ordnungszahlen

Der Unterschied zwischen den Grund- und den Ordnungszahlen ist vielen Schülern nicht bekannt. Die zum Zählen benutzten Zahlen 1, 2, 3, 4 usw. haben zwei sehr unterschiedliche Bedeutungen. Fragt man nach der Anzahl der Dinge, so erhält man als Ergebnis eine Grundzahl (Kardinalzahl). Will man also beispielsweise wissen, wie viele Murmeln auf dem Tisch liegen, so stellt die Antwort »5« eine Grundzahl dar.

Fragt man hingegen nach dem Rang oder der Position eines Dinges, bekommt man als Antwort: »das Erste«, »das Zweite«, »das Dritte« oder »das Vierte«. Bei dieser Zahl handelt es sich um eine Ordnungszahl (Ordinalzahl). Will man also in unserem Beispiel oben wissen, die wievielte Murmel die größte ist, so muss die Antwort die Ordnungszahl »die Dritte« sein.

Die Frage »Wie viel …?« wird folglich durch eine Grundzahl beantwortet, die Frage »Die wievielte …?« durch eine Ordnungszahl. Manche Kinder haben den Unterschied zwischen diesen beiden Zahlenbedeutungen aber nicht begriffen. Bei

Rechtshändern ist der Daumen der linken Hand der erste Finger, der Zeigefinger der zweite, der Mittelfinger der dritte usw. Gleichzeitig aber steht der Daumen der linken Hand auch für die Grundzahl 1, der Zeigefinger für die Grundzahl 2, der Mittelfinger für die Grundzahl 3 usw.

 Das kann zu kuriosen Rechenergebnissen führen. So kommt es vor, dass ein Kind behauptet, die Aufgabe 2 + 1 könne man nicht lösen. Das Kind zeigt auf den Daumen und zählt »1«. Danach zeigt es auf den Zeigefinger und zählt »2«. Nun wäre eigentlich der Mittelfinger dran, doch der steht ja für 3 und kann deshalb nicht auch 1 sein. Der Daumen hingegen, der für 1 steht, ist schon besetzt. Folglich denkt das Kind, man könne diese Aufgabe nicht lösen.

 Andere Kinder, die den Unterschied zwischen Grund- und Ordnungszahl nicht begriffen haben, versuchen die Addition 2 + 1 folgendermaßen in den Griff zu bekommen: Für die 2 strecken sie den Zeigefinger und für die 1 den Daumen aus. Anschließend zählen sie die ausgestreckten Finger ab und erhalten somit: 2 + 1 = 2.

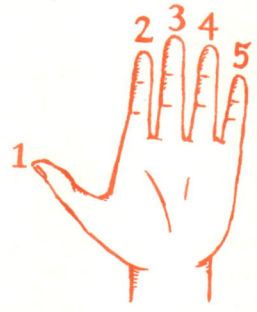

 Viele Kinder kennen zwar den Unterschied zwischen Grund- und Ordnungszahlen, und sie können im Prinzip auch richtig zählen, aber sie haben erhebliche Schwierigkeiten damit, die Ordnungszahlen auch richtig zu gebrauchen. Häufig liegt dies daran, dass sie links und rechts nicht sicher unterscheiden können oder sogar völlig willkürlich verwenden.

Seien Sie also nicht allzu ungeduldig, wenn Ihr Kind sowohl mit den Ordnungszahlen als auch mit den Richtungen Probleme hat, obwohl Sie immer und immer wieder die Bedeutungen von »links« und »rechts« mit ihm geübt haben. Auch Erwachsene haben oft noch Schwierigkeiten mit der Unterscheidung von linker und rechter Seite. Dass das Gedicht »lichtung« von Ernst Jandl so bekannt und beliebt ist, liegt nicht zuletzt daran, dass viele Erwachsene rechts und links vertauschen. Wer als Autofahrer schon einmal auf die Hilfe seines Beifahrers oder eines freundlichen Zeitgenossen am Wegesrand angewiesen war, kann ein Lied davon singen, wie schwierig es ist, rechts und links auseinander zu halten oder richtig zu verwenden.

Test 1

Kann Ihr Kind links und rechts richtig unterscheiden?
Bitten Sie Ihr Kind,
– seinen rechten Zeigefinger auszustrecken.
– seinen linken Fuß zu heben.
– mit seiner linken Hand an die Nase zu fassen.
– mit seiner rechten Hand das linke Ohrläppchen zu berühren.
– Ihnen Ihre rechte Hand zu zeigen.
– mit seiner linken Hand an Ihr rechtes Ohr zu greifen.
– nach links zu gehen.

Test 2

Kennt Ihr Kind den Unterschied zwischen Grund- und Ordnungszahlen?
Zeigen Sie Ihrem Kind die Bilder dieser sieben Häuser:

Stellen Sie ihm folgende Fragen:
Wie viele Häuser sind auf dem Bild zu sehen?
Das wievielte Haus von links ist am größten?
Das wievielte Haus von rechts ist am kleinsten?
Wie viele Häuser haben vier Fenster?
Das wievielte Haus von rechts hat sechs Fenster?
Wie viele Fenster hat das größte Haus?
Das wievielte Haus von rechts ist das dritte Haus von links?

Das Zehnersystem

Oft haben die Kinder den Aufbau des Zehnersystems nicht verstanden.

Es wäre sehr unpraktisch, jede denkbare Zahl durch ein eigenes Symbol darzustellen. Deshalb wurde bei allen jemals erfundenen Zahlensystemen versucht, sämtliche Zahlen durch einige wenige Zeichen auszudrücken. Bei dem heutzutage allgemein üblichen Zehnersystem (Dezimalsystem, dekadisches System) sind dies die zehn Ziffern von 0 bis 9.

Und jetzt kommt der Punkt, den viele Kinder nur mit Schwierigkeiten verstehen: Der Kniff liegt nämlich darin, dass ein und dieselbe Ziffer, je nach dem, wo sie in der Zahl steht, einen gänzlich unterschiedlichen Wert haben kann. Steht die Ziffer ganz rechts in der Zahl, entspricht sie ihrem eigentlichen Wert, steht sie an vorletzter Stelle, wird ihr Wert zehnmal so groß, und steht sie an drittletzter Stelle, so verhundertfacht sich ihr Wert. Beispielsweise bedeuten die drei Vieren in der Zahl 444 einmal vier, einmal vierzig und einmal vierhundert. Das System der römischen Zahlen entspricht viel eher der Denkweise von Kindern: Die sieben Symbole I, V, X, L, C, D und M haben, ganz gleich, wo sie in einer Zahl auftauchen, immer dieselbe Bedeutung. Zum Beispiel stehen in XXXII alle drei X jeweils für 10 und beide I für 1. Die römischen Ziffern werden zwar üblicherweise nach ihrer Größe geordnet geschrieben, aber nötig wäre das nicht. XIXIX kann man genauso eindeutig als 32 lesen wie XXXII. (Die heute übliche Regel, dass kleine Ziffern, die links von einer großen Ziffer stehen, negativ gerechnet werden, gab es ursprünglich nicht. Vier musste in der Antike also als IIII und nicht als IV geschrieben werden.)

 Wenn Kinder die Bedeutungen von Ziffer, Zahl und Stellenwert nicht verstanden haben, zieht dies zahlreiche fehlerhafte Überlegungen nach sich. Manche Kinder halten 51 und 15 für identisch, weil sie aus den gleichen Ziffern bestehen. (Im Römischen Reich hatten LI und IL ja auch tatsächlich denselben Wert.) Andere Kinder wissen gar nichts mit einem Zahlwort wie »fünfzehn« anzufangen. Bedeutet es etwa fünf Zehner?

 Wieder andere Kinder schreiben die Zahlen lautgetreu. Aus der gesprochenen Zahl »dreihundertfünfzig« wird die geschriebene 30050. Es kommt noch eine weitere Schwierigkeit hinzu: Normalerweise werden die Zif-

fern einer Zahl von links nach rechts gelesen. Das bedeutet, die höchsten Stellen werden zuerst gesprochen. Allerdings gibt es eine Ausnahme. Nach den Hundertern kommen nicht die Zehner, sondern zuerst die Einer an die Reihe. Die Zahl 2352 wird also gelesen als »zweitausend-dreihundert-zweiundfünfzig« und nicht, wie Kinder konsequenterweise erwarten könnten, als »zweitausend-dreihundert-fünfzigundzwei«. Selbst Kinder, die das Stellenwertsystem im Grunde verstanden haben, scheitern manchmal an dieser Besonderheit. Wenn sie also die Zahl »zweihundertdreiundsiebzig« hören, so schreiben sie deshalb 237.

Dabei haben deutschsprachige Kinder noch Glück. Im Französischen beispielsweise ist das System viel komplizierter. Von 1 bis 16 haben alle Zahlen einen eigenen Namen. Von 17 bis 69 werden bei den Namen zuerst die Zehner und dann die Einer genannt. Die Zahlen von 70 bis 79 werden als 60 + 10 (soixante-dix) bis 60 + 19 (soixante-dix-neuf) gesprochen, die Zahl 80 als 4 · 20 (quatre-vingt) und die Zahlen von 81 bis 99 als 4 · 20 + 1 (quatre-vingt-un) bis 4 · 20 + 19 (quatre-vingt-dix-neuf).

Schon viel komplexer, aber genauso falsch ist die folgende Überlegung mancher Kinder: 26 bedeutet 2 · 10 + 6 = 20 + 6. Nun darf man aber die beiden Zahlen bei der Addition vertauschen: 20 + 6 = 6 + 20. Folglich ist für sie auch 26 gleich 62.

Eine weitere Schwierigkeit stellt die Null dar. Versteht man die Null als Anzahl, so bedeutet das, dass von einer bestimmten Sorte von Dingen kein einziges vorhanden ist. Dies verstehen etliche Kinder so, dass auch die Null selbst nicht existiert. Bestätigt wird diese falsche Ansicht auch dadurch, dass sie beim Zählen keine Rolle spielt. Man fängt niemals mit 0 an zu zählen, und es gibt auch keinen »nullten« Finger. Also, so denken sich diese Kinder, kann man die 0 einfach weglassen. Konsequenterweise haben für sie die Zahlen 1050, 105, 150 und 15 den gleichen Wert. Die unentbehrliche Bedeutung der 0 für das Dezimalsystem können sie nicht erfassen.

Die Ziffer Null in einer Zahl ist übrigens eine der hartnäckigsten Schwierigkeiten beim Rechnen überhaupt. Selbst Kinder aus der Mittelstufe haben noch ihre Probleme damit.

Auch der Übergang von zwei- auf dreistellige oder von dreistelligen auf vierstellige Zahlen ist problematisch. Ein typischer Fehler etlicher Kinder ist, dass sie 198 + 2 = 1000 rechnen.

Test 1

Kennt Ihr Kind den Unterschied zwischen Zahl und Ziffer?
Zeigen Sie Ihrem Kind das Zifferblatt einer Uhr, und stellen Sie Ihm folgende Fragen:

Wie viele Zahlen stehen auf dem Zifferblatt einer Uhr?
Wie viele Ziffern stehen auf dem Zifferblatt einer Uhr?

Schreiben Sie die Zahlen von 1 bis 20 nebeneinander:
1, 2, 3, 4, 5, 6, 7, 8, 9, 10, 11, 12, 13, 14, 15, 16, 17, 18, 19, 20

Dann fragen Sie Ihr Kind:
Wie heißt die fünfzehnte Ziffer in dieser Reihe?
Wie heißt die siebzehnte Zahl in dieser Reihe?

Test 2

Hat Ihr Kind das Stellenwertsystem verstanden?
Diktieren Sie Ihrem Kind folgende Zahlen:
12, 19, 13, 16, 15, 11, 17, 10, 14, 18, 20   (Erstes Schuljahr)
10, 19, 23, 45, 30, 76, 98, 12, 43, 11, 54   (Zweites Schuljahr)

Schreibt man die Ziffern einer Zahl in umgekehrter Reihenfolge, so erhält man ihre Spiegelzahl. Die Spiegelzahl von 51 ist 15 und die Spiegelzahl von 37 ist 73.
Erklären Sie Ihrem Kind, was eine Spiegelzahl ist. Schreiben Sie dann die unten stehenden Zahlen untereinander auf ein Blatt Papier, und stellen Sie Ihrem Kind folgende Aufgabe:
Schreibe neben jede Zahl ihre Spiegelzahl, und setze ein Größerzeichen (>), ein Kleinerzeichen (<) oder ein Gleichheitszeichen (=) dazwischen.
34, 45, 66, 83, 17, 98, 11, 65, 19, 33, 46, 87, 54, 84, 55, 13

Addition

Am Anfang des ersten Schuljahres werden zwei Zahlen dadurch addiert, dass nach dem ersten Summanden in so vielen Einerschritten weitergezählt wird, wie der zweite Summand groß ist. Viele Kinder benutzen dabei ihre Finger. Bei der Aufgabe 4 + 3 sieht das dann beispielsweise so aus: Für den ersten Summanden 4 werden vier Finger der linken Hand (Daumen, Zeigefinger, Mittelfinger, Ringfinger) ausgestreckt. Für den zweiten Summanden werden nacheinander drei weitere Finger ausgestreckt. Dabei zählt das Kind: »eins« (kleiner Finger der linken Hand), »zwei« (Daumen der rechten Hand), »drei« (Zeigefinger der rechten Hand).
Zum Schluss werden die ausgestreckten Finger abgezählt, und das Kind erhält die Summe 7. Im Zahlenraum von 1 bis 10, in welchem im ersten Schuljahr gerechnet wird, funktioniert dieses Verfahren recht gut.

Oft machen Kinder jedoch folgenden Fehler: Bei der Aufgabe 4 + 3 strecken sie völlig korrekt Daumen, Zeige-, Mittel- und Ringfinger der linken Hand aus. Doch dann beginnen sie nicht mit dem kleinen Finger zu zählen, sondern mit dem zuletzt ausgestreckten Ringfinger. Die Folge davon ist, dass bei allen auf diese Weise gerechneten Aufgaben das Ergebnis um 1 zu klein ist.

0 1 2 3 4 5 6 7 8 9 10 11 12 13 14 15 16 17 18 19 20

Am Zahlenstrahl (siehe oben) machen etliche Kinder den gleichen Fehler. Um die Aufgabe 14 + 3 zu rechnen, tippen sie mit dem Zeigefinger auf die 14 und zählen dann beginnend mit der 14 von 1 bis 3: Sie zeigen auf die 14 und sagen »eins«, zeigen dann auf die 15 und sagen »zwei« und zeigen schließlich auf die 16 und sagen »drei«. Alle so ermittelten Ergebnisse sind natürlich um 1 zu klein.

Es kommt sogar vor, dass sich diese Kinder eine Eselsbrücke bauen, wenn der Lehrer darauf besteht, dass ihr Ergebnis falsch ist: Sie rechnen wie bisher falsch weiter, nennen aber dann als Ergebnis die nächstgrößere Zahl. So kommen die Kinder zwar zum richtigen Ergebnis, aber das Verfahren bleibt falsch. Auch wenn diese Kinder später zwei Zahlen addieren, indem sie von der ersten aus weiterzählen, ohne Hilfsmittel zu benutzen, so machen sie den gleichen Fehler weiterhin.

Manche Kinder haben auch mit dem Zehnerübergang Probleme. Dadurch können alle Ergebnisse systematisch entweder um 1 zu groß oder zu klein werden. Auch das liegt häufig an der falschen Zuordnung der Zahl 0.

Andere Kinder erfinden falsche Analogien, wenn sie von der Addition von einstelligen Zahlen auf die von mehrstelligen schließen. Weil 8 + 8 = 16 ist, muss ihrer Ansicht nach 80 + 80 = 600 sein.

Test

Welche systematischen Fehler macht Ihr Kind beim Addieren?
Bitte Sie Ihr Kind, die unten stehenden Aufgaben laut zu rechnen. Lassen Sie alle Hilfsmittel zu, die Ihr Kind benutzen möchte.
Übrigens sollte es am Ende des ersten Schulhalbjahres die Aufgaben ohne Hilfsmittel rechnen können und am Ende des ersten Schuljahres alle Ergebnisse auswendig wissen.

Zahlenraum bis 10

$1 + 5 =$ $5 + 2 =$
$3 + 7 =$ $2 + 6 =$

Zahlenraum bis 20 *ohne* Zehnerübergang

$14 + 3 =$ $13 + 5$
$2 + 7 =$ $16 + 4$

Zahlenraum bis 20 *mit* Zehnerübergang

$8 + 3 =$ $3 + 9 =$
$9 + 4 =$ $8 + 8 =$

Addition von Zehnerzahlen

$30 + 50 =$ $50 + 30 =$
$10 + 60 =$ $60 + 40 =$

Subtraktion

Die Subtraktion ist gedanklich viel schwieriger zu bewältigen als die Addition.

Am Anfang des ersten Schuljahres wird die Subtraktion 7 − 3 berechnet, indem sieben Rechenstäbchen auf den Tisch gelegt, anschließend drei davon weggenommen und die übrig gebliebenen gezählt werden. Die Methode funktioniert auch mit den Fingern: Sieben Finger werden ausgestreckt, drei anschließend wieder eingeknickt und die nun noch ausgestreckten gezählt. Kinder, die das Zählen beherrschen, machen bei diesem Verfahren in der Regel keine systematischen Fehler.

 Ein Problem taucht jedoch beim Subtrahieren am Zahlenstrahl (siehe unten) auf. Die Kinder suchen die 7 auf dem Strahl, tippen mit dem Zeigefinger darauf und beginnen dann ab der 7 drei Zahlen rückwärts zu zählen. Sie zeigen zuerst auf die 7 und sagen: »eins«. Dann zeigen sie auf die 6 und sagen: »zwei«. Schließlich zeigen sie auf die 5 und sagen: »drei«. Mit dieser fehlerhaften Methode werden alle Ergebnisse um 1 zu groß.

0   1   2   3   4   5   6   7   8   9   10

 Den gleichen systematischen Fehler machen diese Kinder, wenn sie ohne das Hilfsmittel des Zahlenstrahls durch Rückwärtszählen subtrahieren.

Darüber hinaus machen manche Kinder, ähnlich wie bei der Addition, beim Zehnerübergang systematische Fehler, die zu einem um 1 zu großen oder zu kleinen Ergebnis führen.

Test

Beherrscht Ihr Kind die Subtraktion?

Bitten Sie Ihr Kind, die unten stehenden Aufgaben laut zu rechnen. Geben Sie ihm alle Hilfsmittel, die es haben möchte. Am Ende des ersten Schulhalbjahres sollte Ihr Kind die Aufgaben allerdings ohne Hilfsmittel rechnen können und am Ende des ersten Schuljahres alle Ergebnisse auswendig wissen.

Zahlenraum bis 10

$7 - 5 =$
$9 - 7 =$
$5 - 2 =$
$10 - 6 =$

Zahlenraum bis 20 *ohne* Zehnerübergang

$18 - 7 =$
$15 - 4 =$
$13 - 2 =$
$16 - 3 =$

Zahlenraum bis 20 *mit* Zehnerübergang

$18 - 9 =$
$14 - 6 =$
$13 - 5 =$
$17 - 8 =$

Multiplikation

Im zweiten Schuljahr beginnen die Kinder, das Multiplizieren dadurch zu lernen, dass sie den Multiplikanden so oft addieren, wie es der Multiplikator angibt. Das heißt, sie ersetzen zunächst die Multiplikation $5 \cdot 3$ durch die Addition $3 + 3 + 3 + 3 + 3$.

Manche Kinder verstehen aber diese Ersetzung von 5 · 3 durch eine Addition so: Ich muss eine 3 nehmen und dann fünfmal eine 3 dazuzählen. Also ist 5 · 3 gleich 3 + 3 + 3 + 3 + 3 = 18. Das Ergebnis ist zu groß.

Nicht wenige Kinder können zwar alle Reihen des Einmaleins auswendig aufsagen: »1 · 6 = 6, 2 · 6 = 12, 3 · 6 = 18, 4 · 6 = 24 …« Doch wenn man sie fragt, wie viel 7 · 6 sei, wissen sie keine Antwort. Sie haben nicht begriffen, dass die einzelnen Teile der Reihe selbstständig sind.

Manche Kinder stellen falsche Analogien her, wenn sie von der Multiplikation von einstelligen Zahlen auf die von mehrstelligen schließen. Weil 7 · 8 = 56 ist, muss ihrer Ansicht nach 7 · 80 = 156 sein.

Wie bei allen anderen Rechenarten ist die Null auch bei der Multiplikation eine Problemzahl. Bei den Aufgaben 0 · 7 und 7 · 0 erhalten Kinder das Ergebnis 7. Die meisten Fehler bei der Multiplikation entstehen jedoch dadurch, dass das Kind Fehler bei der Addition macht und gar keine speziellen Multiplikationsfehler vorkommen.

Test 1

Benutzt Ihr Kind die richtigen Analogien?
Prüfen Sie es anhand dieser Aufgaben:

30 · 4 =   50 · 40 =
8 · 60 =   7 · 20 =

Test 2

Kann Ihr Kind richtig multiplizieren?

Bitten Sie Ihr Kind, die nachfolgenden Aufgaben laut zu rechnen. Am Ende des zweiten Schuljahres sollte Ihr Kind allerdings nicht mehr multiplizieren, indem es eine Additionskette berechnet, sondern es sollte alle Ergebnisse des kleinen Einmaleins auswendig wissen.

$5 \cdot 4 =$

$7 \cdot 5 =$

$5 \cdot 7 =$

$3 \cdot 6 =$

$9 \cdot 2 =$

$0 \cdot 8 =$

$3 \cdot 0 =$

Bitte achten Sie auch darauf, ob Ihr Kind die Rechenvorteile nutzt, die sich durch ein Vertauschen der beiden Faktoren ergeben: $5 \cdot 7$ ist das Gleiche wie $7 \cdot 5$ und muss deshalb nicht noch einmal berechnet werden. Außerdem ist $2 \cdot 9$ viel leichter zu berechnen als $9 \cdot 2$.

Division

Im Verlauf des zweiten Schuljahres beginnen die Kinder, das Dividieren in der Regel dadurch zu lernen, dass sie vom Dividenden den Divisor so oft abziehen, bis sie bei 0 angelangt sind. Die Anzahl der Subtraktionen ist dann das gesuchte Ergebnis. Die Kinder ersetzen also die Aufgabe $15 : 3$ durch $15 - 3 - 3 - 3 - 3 - 3 = 0$. Da hierbei insgesamt fünfmal die 3 abgezogen worden ist, ist das Ergebnis der Aufgabe $15 : 3$ gleich 5. Die systematischen Fehler, die dabei gemacht werden, sind meistens systematische Fehler der Subtraktion.

An anderen Schulen wird die Division 15 : 3 durch eine Addition erklärt: Wie viele Dreien muss man zusammenzählen, damit man 15 erhält? 3 + 3 + 3 + 3 + 3 = 15. Also ist 15 : 3 = 5.

Manche Kinder machen hier den gleichen Fehler wie bei der Multiplikation: Ich nehme eine 3. Wie viele Dreien muss ich nun noch dazuzählen, damit ich 15 erhalte? Alle Ergebnisse, die mit diesem fehlerhaften Verfahren berechnet werden, sind systematisch um 1 zu klein. Doch die meisten systematischen Fehler werden bei dieser Methode durch systematische Fehler der Addition begangen.

Auch bei der Division ist die Null eine besonders fehleranfällige Zahl. Etliche Kinder rechnen 0 : 7 = 7. (Divisionen durch 0, die mathematisch ausgeschlossen sind, kommen in der Grundschule noch nicht vor.)

Test 1

Kann Ihr Kind richtig dividieren?
Fordern Sie Ihr Kind auf, nachfolgende Aufgaben laut zu rechnen. Am Ende des zweiten Schuljahres sollte Ihr Kind allerdings alle Divisionen, die auf das kleine Einmaleins zurückgehen, auswendig können.

16 : 4 =	0 : 6 =
72 : 9 =	30 : 5 =
42 : 7 =	48 : 8 =

Test 2

Benutzt Ihr Kind die richtigen Analogien?

240 : 4 =	0 : 70 =
250 : 50 =	490 : 7 =

Dimensionen

Größen, die eine Dimension haben, können Kinder oft nicht von reinen Zahlen unterscheiden.

Drei Birnen und die Zahl 3 sind nach ihrem Verständnis völlig gleich. Dieses Missverständnis ist keineswegs ein Problem, das nur Kinder haben. Auch viele Erwachsene haben den Unterschied nicht wirklich begriffen.

Die Folge ist, dass Zahlen mit verschiedenen Dimensionen zusammengezählt werden, obwohl dies nicht möglich ist.

Beispiel: 2 Äpfel + 3 Birnen = 5

Viele Kinder glauben, diese Gleichung sei richtig. Auch die Mahnung »Äpfel und Birnen kann man nicht zusammenzählen« hilft da nichts.

5 Obstteile - 3 Birnen = 2 Äpfel

Warum sollen als Ergebnis ausgerechnet Äpfel herauskommen und nicht etwa Pfirsiche oder Pflaumen? Extremer erscheint der Fehler noch, wenn es um verschiedene physikalische Einheiten geht, wie z.B. 2 Meter + 3 Sekunden = 5.

Test

Kann Ihr Kind richtig mit Dimensionen rechnen?
Beobachten Sie es beim Lösen dieser Aufgaben:
5 Bananen + 6 Bananen =
2 Männer + 3 Frauen =
9 Euro – 4 =
5 Stunden – 3 Stunden =

10 Systematische Fehler im dritten und vierten Schuljahr

Im ersten und zweiten Schuljahr lernen Kinder, Aufgaben der vier Grundrechenarten im Kopf zu lösen. Natürlich funktioniert das nur mit kleinen Zahlen. Im zweiten und dritten Schuljahr werden dann die schriftlichen Verfahren für die Grundrechenarten durchgenommen. Damit sind dann die Kinder in der Lage, beliebig große Zahlen zu handhaben. Alle vier schriftlichen Verfahren bestehen aus einer ganzen Reihe von Teilschritten, bei denen die Kinder systematische Fehler machen können. Dabei ist es gar nicht leicht zu erkennen, *welche* systematischen Fehler sie machen – selbst wenn die Kinder beim Rechnen laut mitsprechen. Deswegen finden Sie hier zu jeder Grundrechenart einen diagnostischen Test.

Addition

Die Addition ist die einfachste aller vier Grundrechenarten. Dennoch sind eine Reihe von Fehlern möglich.

Manche Kinder haben bei der schriftlichen Addition das System der Bündelung der Einerziffern, der Zehnerziffern, der Hunderterziffern usw. nicht verstanden. Die Folge ist, dass diese Kinder nicht wissen, was sie mit dem Übertrag aus einer Spalte machen sollen. Häufig schreiben sie das zweistellige Ergebnis der Addition einer Spalte vollständig in die Ergebniszeile, manchmal nach links und rechts verrückt, manchmal auch zweiziffrig pro Spalte.

Beispiel:

$$
\begin{array}{r}
28 \\
+95 \\
\hline
1113
\end{array}
\qquad
\begin{array}{r}
47 \\
+36 \\
\hline
713
\end{array}
$$

Es kommt auch vor, dass die spaltenweise Addition richtig berechnet wird, aber der Übertrag vollständig unter den Tisch fällt.

Beispiel:

$$
\begin{array}{r}
38 \\
+96 \\
\hline
24
\end{array}
$$

Nicht selten werden auch die Spalten in Leserichtung von links nach rechts abgearbeitet, statt von rechts nach links. Dabei entsteht unter Umständen in der Ergebniszeile eine nach rechts herausragende Ziffer.

Beispiel:

$$
\begin{array}{r}
71 \\
+54 \\
\hline
26
\end{array}
\qquad
\begin{array}{r}
75 \\
+56 \\
\hline
221
\end{array}
$$

Oft wissen Kinder, die das Übertragsverfahren im Prinzip richtig verstanden haben, nicht weiter, wenn der Übertrag zu einer Leerstelle in der Rechnung addiert werden muss.

Beispiel:

$$
\begin{array}{r}
351 \\
+\ \ 76 \\
\hline
327
\end{array}
$$

In diesem Beispiel beträgt die Summe der zweiten Spalte 12. Das Kind schreibt korrekt eine 2 in die Ergebniszeile und möchte nun den Übertrag von 1 zur Hunderterziffer des zweiten Summanden zählen. Aber da steht keine Ziffer, zu der es die 1 addieren kann. Also lässt es sie ganz weg.

Alle diese falschen Verfahren führen sogar zu richtigen Ergebnissen, wenn es in keiner Spalte Überträge gibt. Wenn ein Kind eine ganze Reihe von Aufgaben rechnet und nur bei wenigen davon Überträge auftauchen, so sind die meisten Ergebnisse richtig, obwohl sie alle mit einem falschen Verfahren bestimmt wurden.

 Haben die beiden Zahlen nicht gleich viele Stellen, so schreiben manche Kinder sie linksbündig statt rechtsbündig untereinander, wie sie es im Deutschunterricht gelernt haben, wenn sie einen Text schreiben.

Beispiel:

$$\begin{array}{r} 351 \\ +56 \\ \hline 911 \end{array}$$

 Die einfachste Addition bereitet manchmal die größten Probleme: Wenn einer der beiden Summanden eine 0 ist, scheitern etliche Kinder. Vorstellungen wie »Null ist nichts« und »Aus Nichts wird Nichts« und die irrtümliche Übertragung von Rechnungen wie $5 \cdot 0 = 0$ aus der Multiplikation auf die Addition führen zu solch seltsamen Ergebnissen wie $5 + 0 = 0$.

Beispiel:

$$\begin{array}{r} 351 \\ +506 \\ \hline 807 \end{array}$$

Tests zur Addition

Manche systematischen Fehler, die ein Kind macht, sieht man auf den ersten Blick, andere jedoch sind nicht ohne weiteres erkennbar. Bei den folgenden acht Tests kommen die typischen Fehlerquellen der schriftlichen Addition – Nullen, Überträge und Stellenunterschiede – in sämtlichen denkbaren Kombinationen vor. Auf diese Weise können Sie bei Ihrem Kind testen, ob es einen oder mehrere der typischen systematischen Fehler macht, und wenn ja, ob es sie *immer* macht oder nur in bestimmten Kombinationen.

Anhand der Tabelle können Sie leicht erkennen, welche Probleme in den einzelnen Tests vorkommen und welche nicht. In Test 3 beispielsweise gibt es nur Aufgaben, in denen keine Überträge und Nullen auftauchen, bei denen die Zahlen jedoch einen Stellenunterschied aufweisen.

	ohne Stellenunterschied		mit Stellenunterschied	
	ohne Nullen	mit Nullen	ohne Nullen	mit Nullen
ohne Übertrag	Test 1	Test 2	Test 3	Test 4
mit Übertrag	Test 5	Test 6	Test 7	Test 8

Jeder der acht Tests besteht aus acht Aufgaben. Lassen Sie Ihr Kind von jedem Test zunächst einmal nur die ersten vier Aufgaben rechnen.

Es gibt keine Zeitvorgabe. Ihr Kind soll die Aufgaben in aller Ruhe bearbeiten können. Spätestens nach einer halben Stunde sollten Sie die Tests unterbrechen. Fahren Sie erst am nächsten Tag fort. Falls Sie jedoch bemerken, dass Ihr Kind schon früher unkonzentriert ist und zu Flüchtigkeitsfehlern neigt, so spricht nichts dagegen, die Tests schon nach kürzerer Zeit zu beenden.

Bitten Sie Ihr Kind, die Aufgaben *laut* zu rechnen. So können Sie sofort hören, was Ihr Kind falsch macht. Aber korrigieren Sie es nicht! Bei diesen Tests geht es schließlich nicht darum, dass Ihr Kind etwas lernt, sondern darum, dass Sie etwas über Ihr Kind lernen.

Ein Test gilt als bestanden, wenn die vier Aufgaben fehlerfrei gelöst wurden. Eindeutige Flüchtigkeitsfehler zählen hierbei nicht mit. Es geht nur um die systematischen Fehler.

Nicht bestanden ist ein Test, wenn das Kind drei oder vier Aufgaben falsch gerechnet hat. Bei ein oder zwei falschen Ergebnissen lassen Sie Ihr Kind noch die vier weiteren Aufgaben des Tests rechnen. Kommen nun noch Fehler hinzu, gilt der Test als nicht bestanden.

Mit Hilfe der Testergebnisse ist es nicht schwer zu erkennen, welche systematischen Fehler Ihr Kind macht. Ein Beispiel soll dies verdeutlichen. Schauen Sie sich die folgende Tabelle einmal an:

	ohne Stellenunterschied		mit Stellenunterschied	
	ohne Nullen	mit Nullen	ohne Nullen	mit Nullen
ohne Übertrag	bestanden	bestanden	bestanden	bestanden
mit Übertrag	bestanden	bestanden	nicht bestanden	nicht bestanden

Das Kind hat alle Testaufgaben bis auf die, bei denen Stellenunterschiede und Überträge vorkommen, richtig gerechnet. Es hat also das Verfahren der schriftlichen Addition recht gut verstanden. Nur weiß es höchstwahrscheinlich nicht, wie es den Übertrag auf eine Leerstelle addieren muss.

Wie Sie sehen, ist die Auswertung der Tests sehr aussagekräftig. Sie erhalten mit den Tests jedoch nicht nur Informationen über die systematischen Fehler, die Ihr Kind macht.

Falls Ihr Kind extrem langsam oder sehr hektisch gerechnet hat und dabei zahlreiche Flüchtigkeitsfehler aufgetreten sind, stimmt die Lernumgebung nicht. Ablenkung, Angst, Zeitdruck und ähnliche störende Faktoren sollten Sie ausschließen.

Wenn Ihr Kind sehr langsam, aber überwiegend richtig gerechnet hat oder wenn es Hilfsmittel, wie zum Beispiel seine Finger, zum Rechnen benutzt hat, so kann es vermutlich das kleine Einspluseins nicht auswendig. Das können Sie mit Ihrem Kind üben.

Test 1

$15 + 32 =$	$235 + 441 =$
$42 + 27 =$	$781 + 116 =$
$31 + 44 =$	$571 + 224 =$
$53 + 16 =$	$381 + 216 =$

Test 2

$56 + 10 =$	$105 + 244 =$
$30 + 42 =$	$240 + 723 =$
$60 + 30 =$	$466 + 201 =$
$72 + 20 =$	$610 + 509 =$

Test 3

$234 + 25 =$	$16 + 781 =$
$741 + 36 =$	$242 + 32 =$
$53 + 144 =$	$42 + 557 =$
$342 + 37 =$	$761 + 34 =$

Test 4

$70 + 512 =$	$400 + 98 =$
$234 + 20 =$	$30 + 107 =$
$45 + 204 =$	$23 + 650 =$
$50 + 233 =$	$74 + 205 =$

Test 5

54 + 28 =	237 + 492 =
33 + 59 =	537 + 184 =
91 + 27 =	478 + 716 =
54 + 62 =	864 + 357 =

Test 6

407 + 303 =	482 + 328 =
56 + 24 =	622 + 187 =
760 + 159 =	88 + 12 =
303 + 268 =	607 + 295 =

Test 7

376 + 59 =	761 + 66 =
75 + 871 =	345 + 98 =
348 + 69 =	47 + 475 =
43 + 199 =	88 + 653 =

Test 8

26 + 506 =	918 + 91 =
412 + 88 =	285 + 20 =
23 + 790 =	65 + 806 =
24 + 776 =	83 + 107 =

Subtraktion

Es gibt verschiedene Techniken, um die Subtraktion »Minuend – Subtrahend = Differenz« schriftlich durchzuführen. »Minuend« heißt die Zahl, von der etwas abgezogen wird. »Subtrahend« wird die abzuziehende Zahl genannt. Lange Zeit wurde ausschließlich das Ergänzungsverfahren (Normalverfahren) gelehrt. Seit einiger Zeit wird aber auch wieder das Borgeverfahren (Abziehverfahren) benutzt.

Beim Ergänzungsverfahren wird – in der rechten Spalte beginnend – die Ziffer des Subtrahenden durch eine Addition ergänzt, bis man die Ziffer des Minuenden erhält. Ist die Ziffer des Subtrahenden größer als die des Minuenden, so wird zur Minuendziffer 10 addiert. Auf diese Weise entsteht in dieser Spalte ein Übertrag von 1, der in der nächsten Spalte notiert wird.

Beispiel:
$$\begin{array}{r} 35 \\ -17 \\ \hline 18 \end{array}$$

In der rechten Spalte ist die 5 des Minuenden kleiner als die 7 der Subtrahenden. Also muss 5 um 10 auf 15 erhöht werden. Dadurch entsteht ein Übertrag von 1. Zur 7 kann man nun 8 hinzuzählen, um 15 zu erhalten. Die 8 wird in die Ergebniszeile eingetragen. Der Übertrag wird anschließend zur 1 der Subtrahendenziffer in der zweiten Spalte addiert. Man erhält dadurch eine 2, die durch 1 zur 3 des Minuenden ergänzt wird. Die 1 wird in die Ergebniszeile geschrieben.

 Wenn ein Kind diese Technik der Erhöhung der Minuendenziffer nicht beherrscht, können bei den Rechnungen negative Zahlen auftreten. Um das zu vermeiden, glaubt ein solches Kind häufig, es müsste immer die kleinere Ziffer von der größeren abgezogen werden.

Beispiel:
$$\begin{array}{r} 35 \\ -17 \\ \hline 22 \end{array}$$

In der rechten Spalte ergäbe 5 – 7 eine negative Zahl, also wird stattdessen 7 – 5 = 2 gerechnet. Bei der nächsten Spalte wird das gleiche Prinzip angewandt, nur ist hier kein Vertauschen der Zahlen notwendig.

 Manchmal wird die Erhöhung der Minuendenziffer vom Kind zwar korrekt durchgeführt, es vergisst aber völlig, den Übertrag ebenfalls abzuziehen.

Beispiel:
$$\begin{array}{r} 35 \\ -17 \\ \hline 28 \end{array}$$

Das Kind sieht, dass die 7 im Subtrahenden größer ist als die 5 im Minuenden. Also hat das Kind die 5 zu 15 vergrößert und dann die 7 durch eine 8 zur 15 ergänzt. Allerdings hat es vergessen, den Übertrag von 1 dazuzuzählen.
Es gibt auch Kinder, die den Übertrag abziehen statt ihn hinzuzuzählen. Schließlich geht es ja um eine Subtraktion.

Beispiel:
$$\begin{array}{r} 65 \\ -37 \\ \hline 48 \end{array}$$

Die 7 im Subtrahenden ist größer als die 5 im Minuenden. Das Kind hat also die 5 zu 15 vergrößert und dann die 7 durch eine 8 korrekt zur 15 ergänzt. Den Übertrag von 1 hat es dann von der 3 im Subtrahenden abgezogen. Die Ergänzung von 2 zu 6 ergibt dann die 4 in der Lösungszeile.

 Genau wie bei der Addition kann das Problem auftauchen, dass Kinder keinen Übertrag auf eine Leerstelle bilden können. Sie lassen dabei den Wert der zu übertragenden Zahl einfach unter den Tisch fallen.

Beispiel:
$$351$$
$$-\ \ 76$$
$$\overline{375}$$

Bei der 1 in der rechten Spalte wurde korrekt um 10 erhöht und die 6 richtig durch eine 5 zur 11 ergänzt. Der Übertrag von 1 wurde richtig zur 7 addiert und die 8 anschließend mit einer 7 zur 15 ergänzt. Nun hätte ein Übertrag von 1 zur Leerstelle addiert werden müssen. Diesen Schritt jedoch beherrschte das Kind nicht und hat die Addition unterlassen. Also entstand das fehlerhafte Ergebnis von 3 auf dem Hunderterplatz.

 Wie bei allen Rechenverfahren gibt es auch bei der Subtraktion etliche Kinder, die Probleme mit der Null haben. Beispielsweise kommt es nicht selten vor, dass ein Kind bei zwei gleichen Ziffern zwar korrekt eine 0 in die Ergebniszeile schreibt, aber fälschlicherweise einen Übertrag von 1 annimmt.

Beispiel:
$$256$$
$$-116$$
$$\overline{130}$$

 Nach dem Motto »Wenn man von Nichts etwas abzieht, bleibt es immer noch Nichts.« nehmen manche Kinder an, dass, wenn die Minuend- oder Subtrahendziffer eine 0 ist, das Ergebnis auch 0 sein müsste.

Beispiel:
$$696$$
$$-320$$
$$\overline{370}$$

 Zusätzlich zu den für die schriftliche Subtraktion typischen Fehlern tauchen Fehler auf, die schon bei der schriftlichen Addition vorkommen: links- statt rechtsbündiges Untereinanderschreiben der Zahlen und ein Abarbeiten der Spalten von links nach rechts statt von rechts nach links.

Beispiel:

$$
\begin{array}{r}
237 \\
-12 \\
\hline
117
\end{array}
\qquad
\begin{array}{r}
534 \\
-251 \\
\hline
382
\end{array}
$$

Beim Ergänzungsverfahren (Normalverfahren) wird die Subtraktion mit Hilfe einer Addition durchgeführt. Dies ist für etliche Kinder so verwirrend, dass sie die Addition und die Subtraktion für etwas prinzipiell Gleiches halten. Die Folge ist, dass diese Kinder, obwohl sie ein Minuszeichen in ihre Rechnung setzen, trotzdem eine Addition durchführen. Das ist kein Flüchtigkeitsfehler, sondern ein systematischer Fehler, der auf einem grundsätzlich falschen Verständnis der Subtraktion beruht.

Beim Ergänzungsverfahren (Normalverfahren) versteht niemand so recht, warum man die einzelnen Schritte auf diese Weise ausführen muss. Die Folge ist, dass man das Verfahren nur auswendig lernt, ohne es wirklich verstanden zu haben. Das macht es natürlich besonders fehleranfällig.

Beim zweiten Subtraktionsverfahren, der Borgemethode, wird dieses Problem vermieden. Hier wird die Subtraktion auch tatsächlich mit einer Subtraktion durchgeführt.

Man beginnt in der rechten Spalte. Von der Minuendenziffer wird die Subtrahendenziffer abgezogen. Falls die Minuendenziffer kleiner ist als die Subtrahendenziffer, so »borgt« man sich von der nächsten Ziffer des Minuenden einen Zehner aus. Dadurch wird die Minuendenziffer in der Spalte, die gerade bearbeitet wird, um 10 größer, die Minuendenziffer in der links daneben stehenden Spalte um 1 kleiner.

Beispiel:

$$\begin{array}{r} 35 \\ -17 \\ \hline 18 \end{array}$$

In der rechten Spalte ist die 5 des Minuenden kleiner als die 7 des Subtrahenden. Deshalb borgt man sich eine 1 von der daneben stehenden 3. Aus der 3 in der linken Spalte wird so eine 2, und aus der 5 in der rechten Spalte eine 15. Nun kann man in der rechten Spalte die 7 des Subtrahenden von der 15 des Minuenden abziehen und erhält eine 8. Danach wird in der linken Spalte von der 2 des Minuenden die 1 des Subtrahenden abgezogen, und man erhält als Ergebnis eine 1.

Tests zur Subtraktion

Ebenso wie bei der schriftlichen Addition sieht man manche systematischen Fehler auf den ersten Blick, während andere wegen der vielen Einzelschritte nur schwer zu erkennen sind. Deshalb sollten Sie auch hier einen Test mit Ihrem Kind durchführen. Dieser Test ist genauso aufgebaut wie der der schriftlichen Addition, denn die typischen Schwachstellen sind bei beiden Rechenverfahren die gleichen: die Nullen, die Überträge und die Stellenunterschiede.

	ohne Stellenunterschied		mit Stellenunterschied	
	ohne Nullen	mit Nullen	ohne Nullen	mit Nullen
ohne Übertrag	Test 1	Test 2	Test 3	Test 4
mit Übertrag	Test 5	Test 6	Test 7	Test 8

Testablauf und Auswertung sind ähnlich wie bei der schriftlichen Addition. Lesen Sie dort noch einmal nach (→ Seite 47–49). Auch bei diesem Test gilt natürlich: Wenn Ihr Kind extrem langsam oder hektisch gerechnet hat und dabei viele unsystematische Fehler aufgetreten sind, stimmt die Lernumgebung nicht.

Wenn Ihr Kind zwar sehr langsam, aber überwiegend richtig gerechnet hat oder wenn es Hilfsmittel wie seine Finger zum Rechnen benutzt, so kann es wahrscheinlich das kleine Einsminuseins nicht auswendig.

Test 1

$45 - 32 =$	$445 - 231 =$
$59 - 27 =$	$783 - 112 =$
$68 - 44 =$	$574 - 223 =$
$57 - 16 =$	$386 - 214 =$

Test 2

$56 - 10 =$	$865 - 264 =$
$94 - 64 =$	$844 - 720 =$
$63 - 33 =$	$460 - 200 =$
$72 - 20 =$	$619 - 509 =$

Test 3

$278 - 12 =$	$499 - 78 =$
$234 - 23 =$	$138 - 27 =$
$945 - 24 =$	$753 - 41 =$
$556 - 33 =$	$374 - 63 =$

Test 4

$234 - 24 =$	$716 - 16 =$
$741 - 30 =$	$242 - 32 =$
$590 - 40 =$	$142 - 30 =$
$342 - 32 =$	$761 - 51 =$

Test 5

54 – 28 =	237 – 118 =
73 – 59 =	555 – 126 =
91 – 27 =	478 – 299 =
54 – 36 =	813 – 357 =

Test 6

240 – 137 =	482 – 378 =
306 – 197 =	602 – 187 =
700 – 259 =	988 – 779 =
803 – 798 =	607 – 498 =

Test 7

376 – 59 =	761 – 66 =
575 – 37 =	345 – 98 =
848 – 19 =	447 – 75 =
143 – 62 =	653 – 67 =

Test 8

606 – 17 =	900 – 91 =
412 – 82 =	505 – 75 =
723 – 93 =	206 – 60 =
124 – 35 =	483 – 74 =

Multiplikation

Wir Erwachsenen haben vergessen, wie viele Schritte eigentlich gemacht werden müssen, um zwei zweistellige Zahlen miteinander malzunehmen, und wie viel man sich merken muss. Um Ihnen eine Vorstellung davon zu geben, was Ihr Kind schon im dritten Schuljahr alles leisten muss, sind an dieser Stelle einmal ausführlich alle Schritte der schriftlichen Multiplikation 76 · 35 aufgeschrieben.

1. $\underline{76 \cdot 35}$ Eine Linie unter die Aufgabe ziehen
   8 Die erste Ziffer 3 des Multiplikators wählen
   Die zweite Ziffer 6 des Multiplikanden wählen
   Wissen, dass die Ziffern multipliziert werden
   Wissen, dass das Produkt 18 ist
   Wissen, wohin die 8 geschrieben wird
   Wissen, dass die 1 nicht geschrieben wird
   Sich die 1 als Übertrag merken

2. $\underline{76 \cdot 35}$ Die erste Ziffer 3 des Multiplikators wählen
   228 Die erste Ziffer 7 des Multiplikanden wählen
   Wissen, dass die Ziffern multipliziert werden
   Wissen, dass das Produkt 21 ist
   Sich an den Übertrag 1 erinnern
   Wissen, dass der Übertrag zum Ziffernprodukt
   addiert werden muss
   Wissen, dass die Summe 22 ist
   Wissen, wohin die zweite 2 geschrieben wird
   Wissen, wohin die erste 2 geschrieben wird

3. $\underline{76 \cdot 35}$ Die zweite Ziffer 5 des Multiplikators wählen
   228 Die zweite Ziffer 6 des Multiplikanden wählen
   0 Wissen, dass die Ziffern multipliziert werden
   Wissen, dass das Produkt 30 ist
   Wissen, wohin die 0 geschrieben wird
   Wissen, dass die 3 nicht geschrieben wird
   Sich die 3 als Übertrag merken

4. $\underline{76 \cdot 35}$ Die zweite Ziffer 5 des Multiplikators wählen
   228 Die erste Ziffer 7 des Multiplikanden wählen
   380

Wissen, dass die Ziffern multipliziert werden
Wissen, dass das Produkt 35 ist
Sich an den Übertrag 3 erinnern
Wissen, dass der Übertrag zum Ziffernprodukt
addiert werden muss
Wissen, dass die Summe 38 ist
Wissen, wohin die 8 geschrieben wird
Wissen, wohin die 3 geschrieben wird

5. $\quad 76 \cdot 35$ Ein Pluszeichen vor die 380 setzen und eine Linie
    $\quad \overline{228}$ darunter ziehen
    $+ \ 380$ Die 0 aus der 380 wählen
    $\qquad 0$ Die Lücke darüber wählen und wissen, dass sie 0
    bedeutet
    Wissen, dass die Ziffern addiert werden müssen
    Wissen, dass die Summe 0 ist
    Wissen, wohin die 0 geschrieben wird

6. $\quad 76 \cdot 35$ Die 8 aus 380 wählen
    $\quad \overline{228}$ Die 8 aus 228 wählen
    $+ \ 380$ Wissen, dass die Ziffern addiert werden müssen
    $\qquad 60$ Wissen, dass die Summe 16 ist
    Wissen, wohin die 6 geschrieben wird
    Wissen, dass die 1 nicht geschrieben wird
    Sich den Übertrag 1 merken

7. $\quad 76 \cdot 35$ Den Übertrag 1 wählen
    $\quad \overline{228}$ Die 3 aus 380 wählen
    $+ \ 380$ Die zweite 2 aus 228 wählen
    $\qquad 660$ Wissen, dass die drei Ziffern addiert werden müssen
    Wissen, dass die Summe 6 ist
    Wissen, wohin die 6 geschrieben wird

8.	$76 \cdot 35$	Die Lücke vor der 380 wählen und wissen, dass sie 0
	228	bedeutet
	+ 380	Die erste 2 aus 228 wählen
	2660	Wissen, dass die Ziffern addiert werden müssen
		Wissen, dass die Summe 2 ist
		Wissen, wohin die 2 geschrieben wird
		Wissen, dass die Rechnung jetzt abgeschlossen ist

Die schriftliche Multiplikation ist also ein sehr komplexes Rechenverfahren. Seien wir deshalb nicht zu streng mit unseren Kindern, wenn sie längere Zeit brauchen, um es zu beherrschen.

Bei der schriftlichen Multiplikation kommt es ganz wesentlich darauf an, dass die einzelnen Teilprodukte richtig untereinander geschrieben werden, damit sie anschließend richtig addiert werden können. Hier gibt es ein ganzes Spektrum von Fehlermöglichkeiten.

Betrachten wir zunächst einmal nur die Multiplikation eines mehrstelligen Multiplikanden mit einem einstelligen Multiplikator.

Zuerst wird die letzte Ziffer des Multiplikanden mit dem Multiplikator malgenommen. Die letzte Ziffer dieses Zwischenprodukts wird rechts in die Ergebniszeile geschrieben.

Falls das Zwischenprodukt zweistellig ist, so bildet die vordere Stelle den Übertrag. Nun wird die zweitletzte Ziffer des Multiplikanden mit dem Multiplikator malgenommen und zum Übertrag addiert.

Nach diesem Muster läuft das Verfahren weiter, wenn der Multiplikand mehr als zwei Stellen hat. Je länger also die Zahlen werden, desto mehr muss sich Ihr Kind für eine Rechnung merken und desto mehr Fehlerquellen gibt es in der Multiplikation. Außerdem kann natürlich auch die Konzentration dabei sinken.

Ein typischer Fehler ist, dass Kinder das vollständige Zwischenprodukt in die Ergebniszeile schreiben und es nicht in Endziffer und Übertrag aufspalten.

Beispiel: $35 \cdot 7$
          $\overline{2135}$

Das Kind hat das Teilprodukt $5 \cdot 7 = 35$ richtig berechnet. Doch statt nur die 5 in die Ergebniszeile zu übernehmen und sich die 3 als Übertrag zu merken, hat es beide Stellen in die Ergebniszeile geschrieben.

Ein anderer Fehler besteht darin, die Überträge bei der weiteren Berechnung nicht zu berücksichtigen.

Beispiel: $\overline{35 \cdot 7}$
            15

Das Kind hat das Teilprodukt $5 \cdot 7 = 35$ zunächst einmal ganz richtig bestimmt und die 5 auch korrekt in die Ergebniszeile geschrieben. Auch das Teilprodukt $3 \cdot 7 = 21$ ist richtig berechnet worden. Allerdings hat das Kind daran anschließend nicht den Übertrag von 3 addiert, sondern direkt die letzte Ziffer 1 in die Ergebniszeile geschrieben. Konsequenterweise ist auch der Übertrag des zweiten Teilproduktes fortgelassen worden.

Andere Kinder addieren zuerst den Übertrag zur nächsten Multiplikandenziffer und multiplizieren sie dann erst mit dem Multiplikator, anstatt umkehrt, wie es richtig sein müsste.

Beispiel:

$$\frac{35 \cdot 7}{425}$$

Das Kind hat das Teilprodukt $5 \cdot 7 = 35$ richtig bestimmt und auch die 5 in die Ergebniszeile geschrieben.

Nun addiert es den Übertrag von 3 zur ersten Multiplikandenziffer 3 und multipliziert dann das Ergebnis 6 mit dem Multiplikator 7.

So erhält es das Ergebnis 42, das es dann in die Ergebniszeile notiert.

Ist auch der Multiplikator mehr als einstellig, so wird das Rechenverfahren noch wesentlich komplizierter: Es besteht nun nämlich aus mehreren Multiplikationen von ein- mit mehrstelligen Zahlen.

Die Teilergebnisse müssen in einer ganz bestimmten Weise untereinander geschrieben und anschließend noch addiert werden.

Kinder, die die Multiplikation mehrstelliger mit einstelligen Zahlen nicht verstanden haben, werden schon bei den Teilmultiplikationen scheitern und die Fehler machen, die bei diesem Rechenverfahren typisch sind.

Das versetzte Untereinanderschreiben bereitet vielen Kindern Mühe.

Haben sie doch bei der schriftlichen Addition und Subtraktion erst mühevoll gelernt, dass sie die Zahlen rechtsbündig untereinander schreiben müssen. Und auf einmal sollen sie es hier plötzlich ganz anders machen! Das ist verwirrend, widerspricht der Logik des Kindes und ruft deshalb Fehler hervor.

Manche Kinder schreiben deshalb in Analogie zur Addition und Subtraktion die Teilprodukte alle rechtsbündig und sind fest davon überzeugt, dass dieses Verfahren richtig ist.

Beispiel: 35 · 73
              2 4 5
              1 0 5
              3 5 0

Andere Kinder wiederum vertauschen den Versatz der Teilprodukte. Das erste wird rechtsbündig geschrieben, und alle weiteren werden jeweils um eine Ziffer nach links eingerückt.

Beispiel: 35 · 73
               2 4 5
            1 0 5
           1 2 9 5

Manche Kinder schreiben zwar die Teilprodukte richtig versetzt untereinander, haben aber nicht wirklich verstanden, warum dies gemacht werden muss. Sie addieren die Zahlen dann häufig nicht spaltenweise. Sie addieren zuerst alle letzten Ziffern, dann alle vorletzten Ziffern usw. Im Prinzip tun sie also so, als ob die Teilprodukte rechtsbündig geschrieben worden wären. Nicht selten kommt es sogar vor, dass die Kinder einen Kompromiss wählen zwischen der ihnen sinnvoll erscheinenden rechtsbündigen Schreibweise und der vom Lehrer angeordneten versetzten Schreibweise. Sie schreiben die Zahlen um eine halbe Stelle versetzt untereinander und addieren dennoch alle Einer, alle Zehner usw.

Beispiel: 35 · 73   35 · 73
           2 4 5   2 4 5
         1 0 5   1 0 5
         3 4 0   3 4 0

Sehr häufig treten Fehler auf, wenn der Multiplikator eine Null enthält. Von der Addition her wissen die Kinder, dass man 0 zu jeder Zahl addieren darf, ohne dass sie sich dadurch ändert, beispielsweise 93 + 0 = 93. Diese Eigenschaft übertragen manche Schüler auf die Multiplikation und erhalten deshalb 93 · 0 = 93.

Beispiel:

$$
\begin{array}{r}
35 \cdot 70 \\
245 \\
\underline{35} \\
2485
\end{array}
$$

Im dritten Schuljahr wissen fast alle Kinder, dass jede Zahl, die man mit 0 malnimmt, 0 ergibt, also zum Beispiel 93 · 0 = 0. Nicht selten folgern sie daraus, eine Teilmultiplikation mit 0 könne einfach entfallen, da sie ja ohnehin nichts zum Ergebnis beträgt.

Beispiel:

$$
\begin{array}{rr}
35 \cdot 70 & 35 \cdot 705 \\
245 & 245 \\
& \underline{175} \\
& 2625
\end{array}
$$

In beiden Beispielen ist das Teilprodukt, das aus der Multiplikation mit der 0 herrührt, fortgelassen worden. Im zweiten Beispiel ist dadurch das dritte Teilprodukt auch noch um eine Spalte zu weit nach links gerutscht.

Tests zur Multiplikation

Genau wie bei der schriftlichen Addition und Subtraktion sieht man manche systematischen Fehler auf den ersten Blick, während andere wegen der vielen Einzelschritte nur schwer zu erkennen sind. Deshalb sollten Sie die nachfolgenden zehn Tests mit Ihrem Kind machen.

Die entscheidenden Probleme der schriftlichen Multiplikation – Überträge in den Teilprodukten, Nullen im Multiplikanden, Nullen im Multiplikator und ein- und mehrstellige Multiplikatoren – kommen in den Tests in sämtlichen denkbaren Kombinationen vor.

So können Sie bei Ihrem Kind testen, ob es einen oder mehrere dieser typischen systematischen Fehler macht. Mit Hilfe der Tabelle können Sie recht leicht erkennen, welche Probleme bei den einzelnen Tests vorkommen.

	einstelliger Multiplikator		mehrstelliger Multiplikator		
	ohne Nullen	mit Nullen	ohne Nullen	Nullen im Multiplikanden	Nullen im Multiplikator
ohne Übertrag	Test 1	Test 2	Test 3	Test 4	Test 5
mit Übertrag	Test 6	Test 7	Test 8	Test 9	Test 10

Der Testablauf und die anschließende Auswertung sind gleich wie bei der schriftlichen Addition. Lesen Sie sie dort noch einmal nach (→ Seite 47–49).

Wenn Ihr Kind sehr langsam, aber meistens richtig rechnet oder wenn es Hilfsmittel zum Rechnen benutzt, so kann es wahrscheinlich das kleine Einspluseins oder das kleine Einmaleins nicht auswendig. Doch dieses Wissen ist für das schriftliche Rechnen im dritten Schuljahr unbedingt erforderlich. Üben Sie mit Ihrem Kind täglich für eine kurze Zeit diese beiden unerlässlichen Bereiche, bis es beide beherrscht. Der Erfolg wird nicht lange auf sich warten lassen.

Test 1

$132 \cdot 3 =$	$43 \cdot 2 =$
$412 \cdot 2 =$	$122 \cdot 4 =$
$12 \cdot 4 =$	$312 \cdot 3 =$
$331 \cdot 3 =$	$324 \cdot 2 =$

Test 2

$402 \cdot 2 =$	$403 \cdot 2 =$
$130 \cdot 3 =$	$1002 \cdot 4 =$
$201 \cdot 4 =$	$410 \cdot 2 =$
$301 \cdot 3 =$	$3020 \cdot 3 =$

Test 3

$322 \cdot 31 =$	$43 \cdot 22 =$
$142 \cdot 22 =$	$212 \cdot 23 =$
$122 \cdot 13 =$	$321 \cdot 123 =$
$231 \cdot 31 =$	$432 \cdot 12 =$

Test 4

$102 \cdot 34 =$	$403 \cdot 11 =$
$140 \cdot 21 =$	$210 \cdot 43 =$
$202 \cdot 34 =$	$301 \cdot 132 =$
$330 \cdot 13 =$	$400 \cdot 22 =$

Test 5

$422 \cdot 102 =$	$143 \cdot 210 =$
$42 \cdot 210 =$	$22 \cdot 400 =$
$12 \cdot 204 =$	$321 \cdot 103 =$
$321 \cdot 301 =$	$212 \cdot 40 =$

Test 6

$377 \cdot 5 =$ $858 \cdot 6 =$

$355 \cdot 9 =$ $893 \cdot 7 =$

$894 \cdot 4 =$ $758 \cdot 3 =$

$749 \cdot 6 =$ $174 \cdot 8 =$

Test 7

$230 \cdot 7 =$ $8050 \cdot 3 =$

$700 \cdot 6 =$ $703 \cdot 6 =$

$805 \cdot 8 =$ $400 \cdot 7 =$

$650 \cdot 4 =$ $270 \cdot 5 =$

Test 8

$478 \cdot 82 =$ $74 \cdot 678 =$

$764 \cdot 34 =$ $861 \cdot 97 =$

$649 \cdot 96 =$ $746 \cdot 366 =$

$889 \cdot 72 =$ $944 \cdot 85 =$

Test 9

$460 \cdot 65 =$ $506 \cdot 678 =$

$904 \cdot 57 =$ $660 \cdot 42 =$

$600 \cdot 69 =$ $506 \cdot 326 =$

$804 \cdot 73 =$ $9070 \cdot 53 =$

Test 10

$36 \cdot 460 =$ $276 \cdot 508 =$

$47 \cdot 507 =$ $374 \cdot 440 =$

$65 \cdot 600 =$ $516 \cdot 300 =$

$14 \cdot 730 =$ $987 \cdot 502 =$

Division

Die schwierigste und darum auch die fehlerträchtigste aller Grundrechenarten ist die Division. Bei der schriftlichen Rechnung »Dividend : Divisor = Quotient« muss eine lange Reihe von Rechenschritten abgearbeitet werden. (Der »Dividend« ist die zu teilende Zahl, der »Divisor« die teilende Zahl. Der »Quotient« bezeichnet das Ergebnis der Division.) Bei einer Aufgabe wie 37376 : 46 sind es etwa sechzig Schritte, die vollzogen werden müssen, bis die Rechnung abgeschlossen ist. Eine riesige Menge an geistiger Arbeit steckt in diesen Rechenschritten. Sie hier alle zu notieren würde den Rahmen dieses Buches sprengen.

Was sind nun die typischen systematischen Fehler bei der Division? Das folgende Beispiel macht das deutlich.

Beispiel:

$$2832 : 12 = 236$$
$$\underline{24}$$
$$43$$
$$\underline{36}$$
$$72$$
$$\underline{72}$$
$$0$$

Der erste Schritt der schriftlichen Division besteht darin, vom linken Ende des Dividenden einen Teil abzuspalten, der nicht kleiner sein darf als der Divisor. Anders als bei allen vorherigen Rechenarten, wird mit den höchsten Stellen, nicht mit den Einerstellen begonnen.

Manche Kinder, die das Verfahren der schriftlichen Division im Prinzip verstanden haben, fangen jedoch aus Gewohnheit am falschen Ende an.

Beispiel:
$$2832 : 12 = 26 ?$$
$$\underline{24}$$
$$81$$
$$\underline{72}$$
$$209$$
$$?$$

So entstehen im Zahlenschwanz Teildividenden, die größer sind als der neunfache Divisor. Kinder, die nach dieser Methode zu rechnen versuchen, wissen dann entweder nicht weiter oder glauben, die Aufgabe sei nicht lösbar.

Im nächsten Schritt muss normalerweise geschätzt werden, wie oft der Divisor in den abgespalteten Teildividenden passt. Anschließend muss dieser Schätzwert mit dem Divisor multipliziert und die Differenz zwischen dem Teildividenden und dem Produkt gebildet werden.

Wenn diese Differenz kleiner ist als der Divisor, weiß das Kind, dass es richtig geschätzt hat, und kann mit der Rechnung fortfahren.

Manche Kinder wissen nicht, dass die Differenz kleiner sein muss als der Divisor.

Beispiel:
$$2832 : 12 = 1136$$
$$\underline{12}$$
$$163$$
$$\underline{156}$$
$$72$$
$$\underline{72}$$
$$0$$

Das Kind hat geschätzt, dass der Divisor 12 nur einmal in 28 passt. Darum hat es eine Differenz von 16 erhalten. Wie es das

Verfahren vorschreibt, hat es eine weitere Ziffer aus dem Dividenden angefügt. So erhält es den nächsten Teildividenden. Da nun, wie es richtig festgestellt hat, die 12 dreizehnmal in 163 passt, hat es die 13 in das Ergebnis geschrieben.

Manchmal werden von den Kindern Teilergebnisse, die eine 0 ergeben, einfach ignoriert. Im folgenden Beispiel ist die 0, also das Ergebnis des zweiten Rechenschrittes, nicht notiert worden.

Beispiel:

$$2436 : 12 = 23$$
$$\underline{24}$$
$$036$$
$$\underline{36}$$
$$0$$

Besonders häufig lassen Kinder die 0 im Quotienten weg, wenn sie seine letzte Ziffer ist und bei der Rechnung ein Rest übrig bleibt. Das Verfahren wird also einfach einen Schritt zu früh abgebrochen.

Beispiel:

$$3461 : 23 = 15 \text{ Rest } 11$$
$$\underline{23}$$
$$116$$
$$\underline{115}$$
$$11$$

In vielen Fällen scheitert eine schriftliche Division daran, dass die schriftliche Subtraktion nicht beherrscht wird. Im Folgenden hat das Kind in jeder Spalte immer die kleinere von der größeren Ziffer subtrahiert.

Beispiel: 3241 : 24 = 151 Rest 23
            $\underline{24}$
            124
            $\underline{120}$
              41
             $\underline{24}$
             23

Häufig treten Subtraktionsfehler dann auf, wenn ein Teilquotient zu groß geschätzt wird.

Beispiel: 2832 : 12 = 369 Rest 4
             $\underline{36}$
              83
             $\underline{72}$
             112
             $\underline{108}$
               4

Das Kind hat als erste Ziffer des Quotienten eine 3 geschätzt und folgerichtig 3 · 12 = 36 gerechnet. Da nun aber 36 größer ist als 28, hat es nicht 36 von 28 abgezogen, sondern umgekehrt 28 von 36. Danach hat es fehlerfrei weitergerechnet.

Bei einem mehrstelligen Divisor machen sich Kinder häufig zunächst einmal eine Vielfachenliste des Divisors. Auch Erwachsene arbeiten häufig noch damit, um ihr Gedächtnis bei solchen Zahlen zu entlasten, deren Vielfache sie nicht (mehr) auswendig kennen. Im Prinzip ist gegen dieses Verfahren nichts einzuwenden.

Bei der Division 12374 : 23 sieht das so aus:

1	2	3	4	5	6	7	8	9	10
23	46	69	92	115	138	161	184	207	230

Eine solche Liste hat zwar den Nachteil, dass die Kinder jedes mögliche Vielfache berechnen müssen, obwohl die Vielfachen für die Aufgabe gar nicht alle benötigt werden. Aber so wird das Gedächtnis entlastet. Das Abschätzen, wie oft der Divisor in den Teildividenden passt, entfällt. Es reicht, in der Liste nachzuschauen. Und auch die anschließende Multiplikation der Lösungsziffern mit dem Divisor erübrigt sich.

Die meisten Kinder erstellen diese Liste durch fortgesetztes Addieren des Divisors und brechen bei dem Neunfachen ab, denn das Zehnfache wird ja ohnehin nicht gebraucht. Manche Kinder erledigen diesen Teil der Aufgabe nicht besonders konzentriert und sorgfältig, so dass ein Fehler beispielsweise im dritten Element sich durch den Rest der Liste fortpflanzt:

1	2	3	4	5	6	7	8	9
23	46	69	93	116	139	162	185	208

Selbst wenn diese Kinder die schriftliche Addition beherrschen, werden dennoch fast alle Zwischenschritte zu einem falschen Ergebnis führen. Eine Fortsetzung der Liste bis zum Zehnfachen des Divisors hätte vermutlich ausgereicht, damit dieses Kind seinen Fehler bemerkt hätte.

Tests zur Division

Systematische Fehler bei der Division sind nicht leicht zu erkennen. Und wegen der vielen Zwischenschritte ist auch die Anzahl der verschiedenen systematischen Fehler sehr groß. Deshalb besteht der Test für die schriftliche Division auch aus dreizehn Einzeltests. Damit können Sie die kritischen Punkte des Verfahrens untersuchen: ein- und zweistellige Divisoren, Nullen, Reste bei der Division der Teildividenden und Reste bei der gesamten Division.

	einstelliger Divisor		zweistelliger Divisor		
	ohne Nullen	mit Nullen	ohne Nullen	Nullen im Divisor	Nullen im Quotienten
Teildividend ohne Rest	Test 1	Test 2			Test 3
ohne Rest	Test 4	Test 5	Test 6	Test 7	Test 8
mit Rest	Test 9	Test 10	Test 11	Test 12	Test 13

Die Testbedingungen und die anschließende Auswertung sind die gleichen wie bei der schriftlichen Addition. Lesen Sie sie dort noch einmal nach (→ Seite 47–49).

Test 1

2486 : 2 =	6639 : 3 =
9336 : 3 =	8244 : 2 =
8448 : 4 =	4848 : 4 =
8242 : 2 =	9369 : 3 =

Test 2

4028 : 2 =	6000 : 6 =
8004 : 4 =	4820 : 2 =
3090 : 3 =	4800 : 4 =
2084 : 2 =	9003 : 3 =

Test 3

241200 : 12 =	13390 : 13 =
69230 : 23 =	77110 : 22 =
82410 : 41 =	634200 : 21 =
629300 : 31 =	13650 : 13 =

Test 4

2499 : 7 =	87282 : 6 =
6232 : 8 =	34578 : 9 =
3876 : 4 =	28941 : 3 =
8745 : 5 =	45416 : 7 =

Test 5

8305 : 5 =	34006 : 7 =
6114 : 6 =	30360 : 3 =
3200 : 8 =	54108 : 9 =
2030 : 7 =	80120 : 4 =

Test 6

6466 : 53 =	17472 : 48 =
3198 : 26 =	14884 : 61 =
7614 : 94 =	43243 : 83 =
1612 : 31 =	24225 : 57 =

Test 7

8600 : 40 =	23450 : 50 =
3060 : 20 =	17990 : 70 =
7740 : 30 =	47340 : 60 =
9840 : 80 =	88830 : 90 =

Test 8

17328 : 57 =	20470 : 23 =
39001 : 43 =	16308 : 18 =
14000 : 28 =	34830 : 86 =
49044 : 61 =	16128 : 32 =

Test 9

5343 : 7 =	7461 : 6 =
8719 : 5 =	7859 : 8 =
2176 : 3 =	4771 : 4 =
5195 : 8 =	5144 : 9 =

Test 10

5302 : 5 =	6165 : 6 =
7007 : 9 =	1750 : 7 =
1681 : 8 =	9050 : 9 =
3406 : 7 =	5207 : 5 =

Test 11

75782 : 23 =	84555 : 31 =
84532 : 46 =	63216 : 13 =
27421 : 55 =	45398 : 36 =
64524 : 34 =	22391 : 47 =

Test 12

34606 : 30 =	57843 : 50 =
95283 : 80 =	64451 : 20 =
89824 : 90 =	76892 : 40 =
12946 : 60 =	57634 : 70 =

Test 13

2427 : 12 =	11540 : 56 =
21506 : 43 =	23194 : 23 =
4370 : 41 =	37350 : 37 =
27249 : 27 =	46309 : 51 =

Physikalische Einheiten

Kinder, die das Zehnersystem nicht durch und durch verstanden haben, bekommen sehr oft Probleme mit den Vorsilben der physikalischen Einheiten. Es gibt insgesamt sechzehn solcher Vorsilben. In der Grundschule werden aber in der Regel nur die folgenden fünf behandelt:

Milli (m) = 0,001
Zenti (c) = 0,01
Dezi (d) = 0,1
Hekto (h) = 100
Kilo (k) = 1 000

Der häufigste Fehler, den Kinder dabei machen: Sie verwechseln eine Verkleinerungs- mit einer Vergrößerungsvorsilbe. Sie vertauschen Milli und Kilo sowie Zenti und Hekto miteinander. Für sie ist eine Strecke von zwei Metern 2000 Kilometer oder 0,002 Millimeter lang.

Alle physikalischen und technischen Einheiten werden mit diesen Vorsilben vergrößert und verkleinert. Eine Ausnahme bilden die Geldeinheiten. Ein Euro ist das Gleiche wie 100 Cent. Hier sind die Vorsilben nicht gebräuchlich, obwohl dies durchaus möglich wäre. Kinder, die das System der Vergrößerungs- und Verkleinerungsvorsilben verstanden haben, empfinden oft eine diebische Freude daran, tausend Euro als »Kiloeuro« zu bezeichnen und statt Cent »Zentieuro« zu sagen.

Oft bereiten den Kindern auch die Zeiteinheiten Schwierigkeiten, die nicht auf dem Zehnersystem beruhen.

1 Tag   = 24 Stunden
1 Stunde = 60 Minuten
1 Minute = 60 Sekunden

Ein häufiger Fehler bei der Umrechnung der Zeiteinheiten ist, dass von einem Zehnersystem ausgegangen wird. So ist zu erklären, dass bei manchen Kindern aus einer Stunde 600 Sekunden werden.

Test

Kann Ihr Kind physikalische Einheiten und Geldeinheiten richtig umrechnen?

12 km	=	… m
3 cm	=	… mm
200 cm	=	… m
4 kg	=	… g
12 min	=	… s
2 h	=	… min
3 Tage	=	… h
1 Tag	=	… min
2 t	=	… kg
7 hl	=	… l
5 000 000 g	=	… kg
500 Cent	=	… Euro
1234 m	=	… km … m
2365 Cent	=	… Euro … Cent
87 s	=	… min … s
3712 s	=	… h … min … s
7765 ml	=	… l … ml
2641 mm	=	… m … cm … mm
5337 kg	=	… t … kg
2341 cm	=	… m … cm

77

11 Gedächtnisüberlastung

Ohne unser Gedächtnis wären wir
Menschen gar nicht überlebensfähig. Doch es ist bei den einzelnen Menschen verschieden
gut ausgeprägt. Manche können sich mühelos sämtliche Geburtsdaten und Telefonnummern
aller Verwandten und Bekannten merken. Andere hingegen
haben ein Gedächtnis wie
ein Sieb und haben schon
Schwierigkeiten damit, die

eigene Telefonnummer zu behalten. Wie sehr wir auf unser
Gedächtnis angewiesen sind, wird uns erst so richtig deutlich,
wenn wir Menschen erleben, deren Gedächtnisfähigkeiten
durch eine Krankheit stark eingeschränkt sind.

Jeder Mensch hat zwei verschiedene Gedächtnisse. Das eine ist
das Langzeitgedächtnis. Hat man es einmal geschafft, Wissen
darin zu speichern, so bleibt es praktisch lebenslang erhalten
und kann jederzeit abgerufen werden.

Beim Mathematiklernen werden im Langzeitgedächtnis die
einzelnen Rechenverfahren und das Wissen darüber, wann
man welches benutzen kann, gespeichert. Außerdem sollten
im Langzeitgedächtnis idealerweise alle Ergebnisse des kleinen
Einmaleins gespeichert sein. Einmal gelernt, vergisst man sie
in der Regel nie wieder. Selbst Erwachsene, die das kleine Einmaleins seit Jahren nicht mehr angewandt haben, können die
Ergebnisse mühelos hersagen.

Neben dem Langzeitgedächtnis gibt es noch das Kurzzeitgedächtnis, das auch als Arbeitsspeicher bezeichnet wird. Es kann Informationen nur für kurze Zeit speichern und hat ein begrenztes Aufnahmevermögen. Sein Inhalt wird durch neue Eingaben schnell wieder gelöscht.

Das Kurzzeitgedächtnis speichert Informationen, die nur einen Augenblick lang wichtig und auf längere Sicht bedeutungslos sind. Überquert jemand eine Straße, schaut er zuerst nach links und rechts, um zu sehen, ob die Straße frei ist. Das Ergebnis des Blicks muss er wenige Sekunden behalten können. Doch einen Moment später, nach dem Überqueren der Straße, ist diese Information völlig belanglos und kann wieder vergessen werden.

Wie lebenswichtig unser Kurzzeitgedächtnis ist, veranschaulicht der folgende Witz:

Ein Mann geht zum Arzt und klagt: »Herr Doktor, ich habe Gedächtnisstörungen.« – »Wie lange leiden Sie schon daran?«, fragt ihn darauf der Arzt. »Woran?«, erwidert der Mann.

Beim Rechnen, vor allem beim Kopfrechnen, arbeiten beide Arten des Gedächtnisses zusammen. Aus dem Langzeitgedächtnis wird das Wissen über die Auswahl des Rechenverfahrens geholt, dazu der Ablaufplan des Verfahrens und die Ergebnisse von automatisierten Grundaufgaben. Das Kurzzeitgedächtnis ist dann für die Überwachung des Rechenablaufs zuständig und für die Speicherung der Zwischenergebnisse.

Besonders das Speichern der Zwischenergebnisse im Kurzzeitgedächtnis bereitet den meisten Menschen große Mühe. Viele sind nicht einmal in der Lage, sich für einen Moment eine zugerufene sechsstellige Telefonnummer zu merken. Noch während sie die ersten Ziffern wählen, haben sie die letzten auch schon wieder vergessen. Untersuchungen haben ergeben, dass sich die meisten Menschen höchstens sieben Informationen, zum Beispiel Zahlen oder Namen, gleichzeitig im Kurzzeitgedächtnis merken können. Bei untrainierten Menschen sind es noch weniger.

Was schafft Ihr Kurzzeitgedächtnis? Versuchen Sie einmal, bevor Sie weiterlesen, die Aufgabe 123 · 8 im Kopf zu lösen.

Sie werden diese Aufgabe im Kopf vermutlich nicht so zu lösen versuchen, wie Sie es schriftlich machen würden. Denn dazu müssten Sie Ihr Kurzzeitgedächtnis richtig strapazieren, wie die nachfolgende Auflistung zeigt:

Rechnung	Zahlen im Kurzzeitgedächtnis
	1. Multiplikand 123
	2. Multiplikator 8
$8 \cdot 3 = 24$	1. Multiplikand 123
	2. Multiplikator 8
	3. letzte Ziffer des Ergebnisses 4
	4. Übertrag 2
$8 \cdot 2 = 16$	1. Multiplikand 123
	2. Multiplikator 8
	3. letzte Ziffer des Ergebnisses 4
	4. Übertrag 2
	5. Teilprodukt 16
$16 + 2 = 18$	1. Multiplikand 123
	2. Multiplikator 8
	3. letzte Ziffer des Ergebnisses 4
	4. vorletzte Ziffer des Ergebnisses 8
	5. Übertrag 1
$8 \cdot 1 = 8$	1. Multiplikand 123
	2. Multiplikator 8

	3. letzte Ziffer des Ergebnisses 4
	4. vorletzte Ziffer des Ergebnisses 8
	5. Übertrag 1
	6. Teilprodukt 8
$8 + 1 = 9$	1. letzte Ziffer des Ergebnisses 4
	2. vorletzte Ziffer des Ergebnisses 8
	3. erste Ziffer des Ergebnisses 9
Zusammenfügen der Ergebnis- ziffern zum Ergebnis 984	Ergebnis 984

Wenn Sie auf diese Weise im Kopf rechnen würden, müssten Sie sich bis zu sechs Zahlen gleichzeitig merken. Deshalb suchen Sie wahrscheinlich von vornherein nach einer Strategie, bei der dies nicht der Fall ist.

Zum Beispiel könnten Sie die Hunderter, Zehner und Einer getrennt multiplizieren und die Ergebnisse dann addieren:

Rechnung	**Zahlen im Kurzzeitgedächtnis**
	1. Multiplikand 123
	2. Multiplikator 8
$8 \cdot 100 = 800$	1. Multiplikand 123
	2. Multiplikator 8
	3. Zwischenergebnis 800
$8 \cdot 20 = 160$	1. Multiplikand 123
	2. Multiplikator 8
	3. Zwischenergebnis 800
	4. Zwischenergebnis 160

$800 + 160 = 960$	1. Multiplikand 123
	2. Multiplikator 8
	3. Zwischenergebnis 960
$8 \cdot 3 = 24$	1. Zwischenergebnis 960
	2. Zwischenergebnis 24
$960 + 24 = 984$	1. Ergebnis 984

Bei diesem Verfahren müssen Sie höchstens vier Zahlen gleichzeitig im Kurzzeitgedächtnis behalten. Noch weniger Zahlen muss man sich merken, wenn man erkennt, dass eine Multiplikation mit 8 nichts anderes ist als eine dreimalige Verdopplung:

Rechnung	Zahlen im Kurzzeitgedächtnis
	Multiplikand 123
$2 \cdot 123 = 246$	Zwischenergebnis 246
$2 \cdot 246 = 492$	Zwischenergebnis 492
$2 \cdot 492 = 984$	Ergebnis 984

Bei diesem Verfahren reicht es, jeweils immer nur eine Zahl im Kurzzeitgedächtnis zu speichern. Allerdings muss man auch in der Lage sein, dreistellige Zahlen im Kopf zu verdoppeln.

Das Kurzzeitgedächtnis kann man trainieren. Rechenschwachen Kindern fehlt es an derartigem Training. Sie können nur sehr wenige Zahlen und diese auch nur ganz kurze Zeit im Kurzzeitgedächtnis speichern.
Interessant ist in diesem Zusammenhang eine wissenschaftliche Testreihe: Mehreren Versuchspersonen nannte man drei

Buchstaben, die diese achtzehn Sekunden später wiederholen sollten. Das klappte in der Regel problemlos.

Ganz anders sah das Ergebnis jedoch aus, wenn die Probanden während dieser achtzehn Sekunden geistig arbeiteten: So ließ man einige der Versuchspersonen während dieser Zeit in Dreierschritten rückwärts zählen. Von diesen konnte sich kaum jemand an die drei Buchstaben erinnern.

Ähnlich verhält es sich mit rechenschwachen Kindern. Sie müssen sich Zahlen einige Sekunden merken und in dieser Zeit dann rechnen. Und die Anzahl dieser Rechnungen ist umso größer, je weniger Elementaraufgaben wie das kleine Einmaleins sie auswendig können.

Man kann rechenschwachen Kindern helfen, indem man ihnen empfiehlt, sich die Zahlen zu notieren, um ihr Gedächtnis zu entlasten. Dies kann natürlich nur eine Zwischenlösung sein. Auf Dauer müssen die Kinder ihr Kurzzeitgedächtnis trainieren und außerdem die Grundrechnungen automatisieren.

Bis weit in die 1960er Jahre hinein wurde Mathematik vor allem durch harten Drill eingebläut. Die Schulkinder mussten im Chor aufsagen: »Ein mal sechs gleich sechs, zwei mal sechs gleich zwölf, drei mal sechs gleich achtzehn …« oder zehnmal nacheinander »neun plus sieben gleich sechzehn«. Bei wem auch das nichts half, der musste hundertmal »9 + 7 = 16« schreiben.

Derart strenge Unterrichtsmethoden erscheinen uns heute völlig überholt. Wenn wir alte Schwarzweißfilme über die Schule von damals sehen, z. B. »Der Pauker« mit Heinz Rühmann, schütteln wir nur noch entsetzt den Kopf. Heute steht Verständnis und entdeckendes Lernen im Vordergrund. Dadurch wird der Unterricht für die Kinder abwechslungsreicher und interessanter.

Dennoch war der damalige Ansatz nicht völlig falsch. Um neue Aufgabentypen lösen zu können, braucht man einen Grundstock an sicherem und schnell verfügbarem Wissen.

Manche besonders begabte Kinder hören irgendwelche Fakten ein einziges Mal und können sie sich sofort einprägen. Und sie erinnern sich auch noch nach vielen Tagen.

Andere Kinder haben besonders große Mühe, sich Vokabeln, das kleine Einmaleins oder auch die Schreibweisen von Wörtern zu merken. Diese Kinder kommen nicht um ein systematisches Üben herum. Natürlich sollten sie nicht mehr hundertmal »9 + 7 = 16« schreiben oder im Chor das Einmaleins aufsagen. Das würde die Kinder schon sehr bald demotivieren.

Grundwissen entlastet das Gedächtnis

Was gehört nun in diesen Grundstock von absolut sicherem und schnell verfügbarem Wissen? Was müssen Kinder nach einer gewissen Zeit buchstäblich im Schlaf beherrschen?

Die Kinder müssen den Zahlenraum von 1 bis 10, später auch den Zahlenraum bis 20, 100, 1 000 und 1 000 000 so gut kennen, dass sie sich ohne nachzudenken in ihm orientieren können. Sie sollten auch ohne Zahlenstrahl wissen, in welcher Reihenfolge die Zahlen stehen. Sie sollten die beiden Nachbarinnen jeder Zahl, also die jeweils nächstgrößere und nächstkleinere Zahl, ohne nachzudenken nennen können.

Auch das so genannte kleine Einspluseins und das kleine Einsminuseins gehören zu diesem Grundstock. Später kommen noch das große Einspluseins und das große Einsminuseins hinzu, die den Zahlenraum bis 20 abdecken. Schließlich gehört auch noch das kleine Einmaleins dazu.

Diese Grundaufgaben sollte ein Kind nicht nur richtig rechnen können, sondern es sollte sie auswendig wissen und abrufbereit in seinem Langzeitgedächtnis gespeichert haben. Wenn ein Kind die Aufgabe 3 + 5 sieht, muss es damit sofort das Ergebnis 8 assoziieren, ohne dass dabei ein bewusster Denk- oder Rechenprozess im Gehirn abläuft. Die Ergebnisse aller

Grundaufgaben muss ein Kind so perfekt beherrschen, dass es sie, ähnlich wie Rad fahren oder schwimmen, nie wieder verlernt.

Die Grundaufgaben sind die wichtigste Basis für den Mathematikunterricht der nächsten Schuljahre.

Wenn ein Kind beispielsweise auswendig weiß, dass $3 + 5 = 8$ ist, kann es durch Analogieüberlegungen auch eine lange Reihe anderer Aufgaben schnell lösen wie z. B. $30 + 50 = 80$, $300 + 500 = 800$, $3000 + 5000 = 8000$, $130 + 50 = 180$, $230 + 50 = 280 \ldots$

Ein anderer Grund, warum Kinder das kleine Einspluseins und das kleine Einmaleins auswendig kennen sollten, ist noch viel wichtiger: Das Gedächtnis muss entlastet werden, wenn das Kind komplizierte Aufgaben der schriftlichen Addition, Subtraktion, Multiplikation und Division rechnen soll. Denn für solche Aufgaben muss es sich Rechenverfahren merken, die aus etlichen verschiedenen Schritten bestehen, und es muss den ganzen Ablauf der Rechenprozedur steuern. Schon allein dafür wird die komplette freie Rechen- und Speicherkapazität des Kurzzeitgedächtnisses benötigt.

Für die zahlreichen Grundaufgaben, die während der Prozedur gelöst werden müssen, ist dann kein Arbeitsspeicher mehr frei. Das ist aber auch nicht nötig, wenn das Kind die Ergebnisse aller Grundaufgaben auswendig kann.

Kinder allerdings, die die Grundaufgaben nicht automatisiert haben, machen häufig in den höheren Schuljahren viele Fehler, die auf eine reine Überlastung des Gedächtnisses zurückzuführen sind.

12 Typisches Verhalten rechenschwacher Kinder

Rechenschwache Kinder haben typische Verhaltensmuster. Bittet man ein rechenschwaches Kind, eine gehörte oder gelesene Aufgabe mit eigenen Worten zu wiederholen, so gibt es sie oft falsch wieder, beginnt zu stammeln oder schweigt beharrlich. Daran sieht man, dass die Schwierigkeiten des Kindes beim Verstehen der Aufgabe entstehen.

Rechenschwache Kinder fragen beim Bearbeiten einer Aufgabe immer wieder: »Soll ich das so machen?« oder »Ist das so richtig?«

Das Kind probiert alle möglichen und unmöglichen Ansätze aus und möchte von den Eltern wissen, wann es den richtigen erraten hat. Das Kind ist nicht in der Lage, selbst zu entscheiden, welchen Weg es nehmen muss.

Wenn Kinder beim Üben nachfragen, so folgt daraus natürlich nicht unbedingt, dass sie rechenschwach sind. Ganz im Gegenteil: Ein gezieltes Nachfragen bei einer Aufgabe bedeutet, dass das Kind ein Vorwissen besitzt und dadurch imstande ist, ein Problem zu bemerken. Rechenschwache Kinder hingegen stellen völlig ungezielte Fragen.

Sie lehnen Hilfen und Tipps der Eltern häufig mit der Begründung ab, sie hätten es in der Schule anders gelernt. Diese Kinder haben so wenig von der Mathematik verstanden, dass sie gar nicht in der Lage sind, diese Hilfen in ihr Vorwissen einzubauen. Deshalb empfinden sie sie meistens als falsch, weil sie nicht mit dem »Kochrezept« übereinstimmen, das sie sich in der Schule eingeprägt haben. Rechenverfahren werden von diesen Kindern als verbindliche Verhaltensregeln begriffen, die der Lehrer kraft seiner Autorität vorgibt.

Rechenschwache Kinder beherrschen ein Rechenverfahren auch nach langem Üben noch nicht. Das liegt daran, dass man ein Rechenverfahren erst einmal verstanden haben muss, bevor man es sinnvoll üben kann. Selbst wenn diese Kinder ein Vielfaches der Übungsaufgaben anderer Kinder bearbeiten, wird sich kein mathematisches Verständnis einstellen. Eher passiert das Gegenteil: Falsche Methoden, die die Kinder selbst erfunden haben und die vielleicht sogar gelegentlich zum richtigen Ergebnis führen, prägen sich nachhaltig ein.

Manchmal erahnen rechenschwache Kinder beim Üben den richtigen Rechenweg. Später wenden sie dieses Verfahren, das sich bei dem einen Aufgabentyp als erfolgreich herausgestellt hat, auch auf andere Aufgabentypen an, für die es sich nicht eignet. Welches Verfahren man bei welchen Aufgaben anwendet und warum diese Verfahren funktionieren, bleibt ihnen ein Geheimnis. Die Folge ist, dass diese Kinder sich das Rechenverfahren einige Zeit merken können und die Eltern deshalb glauben, sie hätten es verstanden. Da das jedoch keineswegs so ist, vergessen die Kinder dieses unbegriffene Wissen sehr schnell wieder.

Rechenschwache Kinder brüten häufig über ihren Haus- oder Übungsaufgaben und kauen auf dem Füller herum. Meistens aber wissen sie nur nicht, wie sie die Aufgabe angehen sollen. Ihnen schwirren alle mathematischen »Kochrezepte«, die sie gelernt haben, im Kopf herum. Und sie können sich nicht entscheiden, welches sie nehmen sollen.

Kinder, die im Mathematikunterricht nicht mitkommen, sehen sich als Verlierer und fühlen sich als Person abgelehnt. Sie drehen dann den Spieß um und lehnen ihrerseits die Mathematik ab.

13 Die Lernumgebung

Welche Arten von Fehlern Ihr Kind beim Rechnen macht, wissen Sie nun. Doch jetzt müssen Sie natürlich noch etwas unternehmen, damit Ihr Kind diese Fehler in Zukunft vermeidet. Die Vergangenheit hat gezeigt, dass der Schulunterricht alleine nicht ausreicht und vielleicht auch der Nachhilfeunterricht nicht den gewünschten Erfolg bringt. Sie selbst müssen also Ihr Kind beim

Rechnen lernen unterstützen. Bevor wir aber zu den dafür geeigneten Methoden kommen, sollten Sie sich einige Gedanken zur Lernumgebung Ihres Kindes machen.

Das Rechenspiel kann nur dann ein Erfolg werden, wenn Sie nicht nur Ihr Kind, sondern auch Ihr Verhalten dem Kind gegenüber kritisch beobachten und es gegebenenfalls ändern. Das ist vor allem dann wichtig, wenn das Kind viele Flüchtigkeitsfehler macht oder unter Angst vor Misserfolgen, Strafen oder Liebesentzug leidet.

Ehrliche Selbstkritik zu üben ist nicht einfach und setzt voraus, dass man die Notwendigkeit hierzu erkennt. »Ich bin mit meinem Kind immer liebevoll und geduldig«, denken die meisten Eltern und sind dann maßlos erstaunt, wenn eine differenzierte Selbstbeobachtung ergibt, dass dies oft gar nicht der Fall ist.

Eine typische Situation

Stellen Sie sich einmal folgende Szene vor: Die Mutter der siebenjährigen Anna diktiert ihrer Tochter zweistellige Zahlen. Mit einem Kassettenrekorder nimmt sie zur späteren Kontrolle die Übungseinheit auf.

»Vierundzwanzig«, sagt die Mutter.

Anna schreibt 42 auf ihr Blatt.

»Das ist falsch. Du musst zuerst den Zehner schreiben und dann den Einer«, erklärt die Mutter mit ruhiger und freundlicher Stimme.

Anna nickt.

»Siebenunddreißig«, diktiert die Mutter weiter.

Anna schreibt 73.

»Schon wieder verkehrt herum«, sagt die Mutter immer noch ruhig und freundlich und erklärt ihr die Schreibweise noch einmal.

»Neunzehn.« Die Mutter versucht es erneut.

Und wieder vertauscht das Kind die Ziffern.

»Wie oft habe ich dir nun schon gesagt, dass du zuerst den Zehner und dann den Einer schreiben musst?«, sagt die Mutter, jetzt im recht scharfen Ton. »Versuch's noch einmal: Dreiundfünfzig.«

Anna schreibt die Zahl erneut falsch.

Jetzt wird die Mutter laut. Unverkennbarer Ärger liegt in ihrer Stimme: »Pass doch endlich einmal auf! Du hast es schon wieder falsch gemacht.«

Als sich Annas Mutter später die Kassette anhört, ist sie entsetzt: »Das kann doch nicht ich gewesen sein!«

Den meisten Menschen geht es wie Annas Mutter: Wir nehmen selbst gar nicht mehr bewusst wahr, welche Wörter und Sätze wir während eines Gesprächs benutzen, ob wir leise oder laut, ruhig oder gereizt, wertend oder verständnisvoll mit unserem Gegenüber sprechen.

Unsere Gesprächspartner, besonders wenn es Kinder sind, nehmen diese uns unbewusste Botschaft allerdings umso deutlicher wahr und reagieren oft sehr empfindlich darauf. Beobachten Sie sich also ständig selbst beim Üben mit Ihrem Kind. Fragen Sie sich nach jeder Übungseinheit, wie Sie sich verhalten haben. Waren Sie freundlich und gelassen? Oder waren Sie gereizt und laut? Haben Sie geschimpft? Haben Sie nur kritisiert oder versucht, dem Kind den richtigen Weg zu erklären? Scheuen Sie auch nicht die Kritik anderer: Fragen Sie Ihr Kind oder Ihren Ehepartner.

Stimmungen beeinflussen unser Verhalten

Natürlich bringen wir unsere aktuellen Stimmungen mit in eine Übungseinheit hinein. Wenn Sie schon vorher Ärger gehabt haben, der gar nichts mit Ihrem Kind zu tun hatte, und Sie gereizt sind, werden Sie – falls Sie nicht außergewöhnlich diszipliniert sind –, auch ungeduldig mit Ihrem Kind sein.

Vor allem kleinere Kinder sind nicht in der Lage zu unterscheiden, warum die Eltern ungeduldig sind. Sie halten immer sich selbst für die Ursache und für schuldig am Ärger der Eltern.

Abstrakt formuliert, sind die wichtigsten Werkzeuge der Erziehung Anerkennung und Ablehnung. Unser Kind soll Verhaltensmuster, Fakten und Methoden erlernen und lebenslang anwenden können. Es ahmt deshalb Erwachsene oder andere Kinder nach oder probiert eigene Methoden aus, und die Eltern bewerten diese Versuche.

Eine positive Bewertung des Verhaltens, also eine Anerkennung, ermutigt das Kind, mit seinen Bemühungen weiterzumachen. Eine negative Bewertung hingegen, und sei sie auch noch so zurückhaltend formuliert, beziehen Kinder nicht auf ihr Verhalten, sondern fassen sie als Ablehnung ihrer ganzen Person auf.

Kritik und Anerkennung

In allen Bereichen des menschlichen Miteinanders, ob in Familie, Beruf oder Freizeit, spielen Anerkennung und Ablehnung eine große Rolle, die jedoch häufig unterschätzt wird. Bezeichnenderweise wird in unserer Gesellschaft deutlich öfter Kritik geübt als gelobt.

Wenn ein Mitarbeiter seine Aufgaben schnell und fehlerfrei erledigt, verliert der Vorgesetzte kein Wort darüber. Versagt er jedoch einmal, wird er sofort getadelt.

Und auch das ist Alltag: Viele Frauen hören nur selten ein Kompliment von ihrem Mann, und einen Strauß Blumen bekommen sie bestenfalls zu hohen Feiertagen. Steht aber das Essen nicht pünktlich auf dem Tisch oder sind die Hemden nicht tadellos gebügelt, wird das sofort mit deutlichem Unmut quittiert.

Auch Kinder werden in fast jeder Familie viel häufiger getadelt als gelobt. Den größten Teil des Tages über sind sie lieb und freundlich, machen ihre Schulaufgaben und kommen den Bitten ihrer Eltern nach. Das wird praktisch nicht zur Kenntnis genommen. Doch wenn sie ausnahmsweise nicht den Erwartungen der Mutter oder des Vaters entsprechen, wird dies bemängelt und kritisiert. Manchmal folgt sogar ein schonungsloser Rundumschlag: Das Kind wird womöglich als unfähig oder dumm oder aufsässig hingestellt, und dabei weiß es eigentlich gar nicht, was es falsch gemacht hat.

»Ich tadle mein Kind nur selten!«, sind Sie fest überzeugt. Wirklich? Ablehnung findet viel häufiger statt, als Sie vermuten. Sie kann sich direkt und hart in Sätzen äußern wie »Da hast du aber Mist gebaut« oder »Das ist falsch«. Oder vorwurfsvoll: »Das hätte ich nie von dir erwartet«. Oft wird die Ablehnung nur indirekt formuliert: »Warum machst du es nicht etwas schneller?« Selbst ein Satz, der anfängt mit »Ja, aber …« enthält mehr Tadel als Anerkennung. Versteckt zeigt sich Ablehnung auch in einem Stirnrunzeln, Kopfschütteln, einem fehlenden Lächeln, abwehrenden Handbewegungen oder einem Seufzer.

Machen Sie sich doch einmal die Mühe und führen Sie einen Tag lang eine Strichliste, auf der Sie notieren, wie oft Sie Ihr Kind loben und wie oft Sie es kritisieren. Sie werden am Abend vermutlich darüber entsetzt sein, um wie viel länger die Liste der Ablehnungen geworden ist als die der freundlichen Anerkennungen.

Jeder Mensch braucht Anerkennung, und Kinder ganz besonders. Versuchen Sie deshalb, das Ungleichgewicht von Ablehnung und Anerkennung auszugleichen. Besser noch wäre es, wenn Sie Ihrem Kind etwas mehr Anerkennung als Ablehnung signalisierten.

Verstehen Sie dies nicht falsch: Es geht nicht darum, jeden Unmut über Ihr Kind herunterzuschlucken und dabei noch zu lächeln. Wenn Ihr Kind etwas falsch gemacht hat, müssen Sie es ihm auch sagen. Sachliche, konstruktive Kritik ist unbedingt notwendig. Und wenn Ihr Kind richtig Mist gebaut hat, dürfen Sie natürlich auch schimpfen und ihm deutlich Ihre Meinung sagen.

Es geht hier um etwas anderes: den Kontoausgleich zwischen Anerkennung und Ablehnung. Den können Sie auf zweierlei Art erreichen. Zum einen können Sie Ihrem Kind öfter einmal ein Lob aussprechen für Dinge, die es gut gemacht hat, wozu Sie aber bisher nie etwas gesagt haben. Dazu finden sich im Laufe eines Tages Dutzende von Gelegenheiten.

Sie können die Schularbeiten kommentieren: »Das hast du aber schön geschrieben.« Oder den Umgang mit anderen: »Du warst heute wirklich sehr lieb zu deinem kleinen Bruder.« Oder: »Frau Meier hat sich sicherlich gefreut, dass du sie so nett gegrüßt hast.« Selbst beiläufige Bemerkungen wie »Danke, das ist lieb von dir« oder »Das hast du gut gemacht« sind lobende Anerkennungen, über die sich jedes Kind freut.

Der zweite Weg zu einem Kontoausgleich ist für die meisten Eltern viel schwieriger: Verzichten Sie auf einen Teil der Ablehnungen. Manche Kommentare zum Verhalten Ihres Kindes sind völlig überflüssig, denn sie werden nichts verbessern.

Ein Beispiel: Ihr Kind macht beim Rechnen immer wieder denselben Fehler. Gereizt schimpfen Sie: »Nun konzentriere dich doch endlich mal!« Wird sich Ihr Kind nun besser konzentrieren können? Sicherlich nicht, im Gegenteil, es wird noch schlimmer werden.

Gehen Sie also ruhig einmal die Ablehnungen durch, die Sie Ihrem Kind im Laufe eines Tages zukommen lassen. Ein großer Teil ist völlig nutzlos, wenn nicht sogar das Gegenteil bewirkend.

Angst – das größte Hindernis beim Lernen

Zorn der Eltern, der sich in einem Donnerwetter entlädt, ruft bei Kindern oft eine Gegenaggression oder, was noch schlimmer ist, Angst hervor.

Aus diesem Dilemma führt die folgende Strategie: Zuerst einmal müssen Sie eine sensible Wahrnehmungsfähigkeit für Ihr eigenes Befinden entwickeln. Verdrängen Sie es nicht, wenn Sie ärgerlich oder unzufrieden sind. Gestehen Sie sich ein: »Ich habe jetzt schlechte Laune.« Lernen Sie zu akzeptieren, dass Sie – wie jeder andere auch – hin und wieder schlechte Laune haben, dass dies ein Teil Ihrer Persönlichkeit ist und keineswegs ein Versagen darstellt.

Wenn Sie Ihren Ärger erkannt und akzeptiert haben, sollten Sie nach seiner wahren Ursache suchen. So einfach dies auch klingen mag, so schwierig ist es oft.

Ein Beispiel: Bei der Arbeit ist Ihnen ein Fehler unterlaufen. Der Chef hat missbilligend die Stirn gerunzelt, nicht mehr mit Ihnen gesprochen und sich dafür zehn Minuten mit Ihrem Kollegen unterhalten. Sie ärgern sich über sich selbst, wollen es aber nicht wahrhaben. Als Sie abends zu Hause ankommen, quengelt Ihre kleine Tochter am Tisch herum und lässt eine Tasse zu Boden fallen. Sie explodieren, beschimpfen Ihre Tochter und schicken sie zur Strafe in ihr Zimmer.

Sie haben als scheinbare Ursache Ihres Ärgers die zerbrochene Tasse ausgemacht. Und Sie reagieren nun auf diese vermeintliche Ursache und nicht auf die wahre. Sie müssen sich also klar sagen: »Ich bin jetzt ärgerlich, weil … « Entscheidend ist, dass Sie jetzt richtig reagieren. Sie müssen auch Ihrer Familie klar und deutlich sagen: »Ich bin ärgerlich, weil … « Nur so realisiert Ihr Kind, dass es nicht ursächlich für Ihren Ärger verantwortlich ist.

Natürlich sollten Sie nicht nur Ihr eigenes Verhalten Ihrem Kind gegenüber beobachten, sondern auch das Ihres Kindes: Inga klagt schon zwei Tage vor jeder Klassenarbeit über Kopf- und Bauchschmerzen. Und am Morgen vor der Klasssenarbeit bekommt sie beim Frühstück keinen Bissen herunter.

Jan hingegen verhält sich immer gleich. Ganz egal, ob er eine schwere Klassenarbeit schreiben muss oder einen Schulausflug machen wird, er ist weder besonders gut noch schlecht gelaunt und niemals aufgeregt.

Christine wiederum macht sich fröhlich pfeifend auf den Schulweg, wenn eine Mathematikarbeit ansteht, obwohl sie mit einer schlechten Note rechnen muss. So unterschiedlich können Kinder sich verhalten!

Das kann mehrere Gründe haben. Zum einen liegt es generell an der psychischen Konstitution der Kinder, zum anderen aber auch an der zu erwartenden Reaktion der Eltern, falls bei der Klassenarbeit etwas schief gehen sollte.

Es lohnt sich also, das Verhalten Ihres Kindes einmal genau zu beobachten. Ist Ihr Kind fast immer still, verschlossen und ängstlich oder meistens lebhaft, kontaktfreudig und selbstbewusst? Arbeitet es bei seinen Hausaufgaben unkonzentriert und zäh, und braucht es ständig Unterstützung? Oder arbeitet es konzentriert, schnell und selbstständig? Hat es Angst vor jeder Klassenarbeit, oder sieht es ihr zuversichtlich entgegen, selbst wenn seine Aussichten auf eine gute Note nicht besonders rosig sind?

Wie viel Angst Ihr Kind vor Misserfolgen hat, können Sie durch solche Beobachtungen leicht feststellen. Aber wie ängstlich ist Ihr Kind in konkreten Situationen? Zum Beispiel vor dem Unterricht bei einem bestimmten Lehrer oder wenn es eine Klassenarbeit mit einer schlechten Note nach Hause bringt? Wie verhält es sich, wenn es mit dem Vater oder mit der Mutter übt?

Es hat wenig Zweck, Ihr Kind direkt zu fragen: »Hast du Angst?« oder sogar »Wie viel Angst hast du?« Es wird seine Angst nicht zugeben. Möglicherweise kann es sie vielleicht auch gar nicht bewerten. Mit einem einfachen Hilfsmittel – der Aufregungsuhr – ist es dennoch möglich, festzustellen, wie groß die Angst Ihres Kindes tatsächlich ist.

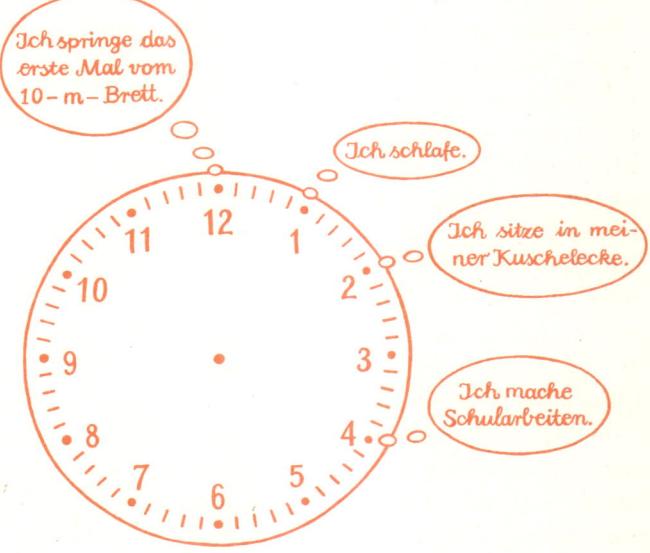

Kopieren Sie diese Uhr auf dünnen Karton, und schneiden Sie aus Pappe einen Zeiger, den Sie mit einer Kopfklammer so auf dem Zifferblatt befestigen, dass er sich drehen lässt.

Zeigen Sie die Uhr Ihrem Kind. Sagen Sie zu ihm: »Sieh mal, dies ist eine Uhr, die anzeigt, wie aufgeregt du bist. Du musst nur noch den Zeiger richtig einstellen. Am wenigsten aufgeregt bist du, wenn du schläfst. Dann muss der Zeiger auf der Eins stehen. Wenn du in deiner Kuschelecke sitzt und spielst, bist du beinahe gar nicht aufgeregt, aber schon etwas mehr, als wenn du schläfst. Deswegen steht der Zeiger dann auf der Zwei. Wenn du alleine am Tisch sitzt und deine Schularbeiten machst und alles klappt gut, dann bist du nicht sehr aufgeregt, aber doch mehr, als wenn du in deiner Spielecke bist. Darum muss der Zeiger dann auf der Vier stehen. Wann aber bist du ganz besonders aufgeregt? Bestimmt, wenn du zum ersten Mal im Schwimmbad auf dem Zehn-Meter-Turm stehst, das Becken ganz klein und weit unter dir siehst und herunterspringen sollst. Oder wenn du nachts ganz alleine im Wald bist und lauter geheimnisvolle Geräusche hörst. Dann muss der Zeiger auf der Zwölf stehen.«

Nachdem Sie nun die Aufregungsuhr mit Ihrem Kind zusammen »geeicht« haben, können Sie sie benutzen.

Fragen Sie Ihr Kind am Morgen vor einer Klassenarbeit: »Wie aufgeregt bist du?« Es wird Ihnen mit der Uhr deutlich – und aller Erfahrung nach auch zuverlässig – zeigen, wie es seine Aufregung einschätzt und damit auch seine Angst vor Misserfolgen.

Das funktioniert auch in anderen Situationen: Wie aufgeregt und ängstlich ist Ihr Kind, wenn es zum Nachhilfelehrer gehen soll, wenn es mit der Mutter, dem Vater oder der Oma rechnen übt oder wenn es eine schlechte Note nach Hause bringt? Sie können mit Hilfe der Uhr sogar feststellen, ob es für Ihr Kind schlimmer ist, dem Vater oder der Mutter die verpatzte Arbeit zu zeigen.

Wenn Sie schließlich wissen, in welchen Situationen und bei welchen Menschen Ihr Kind besonders aufgeregt und ängstlich ist, müssen Sie versuchen, die Angst auslösenden Ursachen zu beseitigen. Tatsächlich gelingt es in vielen Fällen nach einiger Zeit, dass der Zeiger auf der Aufregungsuhr im grünen Bereich bleibt.

Doch selbst wenn es den Eltern gelungen ist, für ihr Kind eine weitgehend spannungsfreie Lernumgebung zu schaffen, steht der Zeiger der Aufregungsuhr manchmal auf den hohen Zahlen. Die Angst ist dann bei Ihrem Kind so tief verwurzelt, dass sie sich nur durch eine gezielte Therapie beseitigen lässt. Sie sollten dann unbedingt die Hilfe einer psychologischen Beratungsstelle in Anspruch nehmen.

Erziehung zur Selbstständigkeit

Aber nicht nur die ängstlichen Schüler, auch die verspielten, lustlosen und leicht ablenkbaren Kinder können das Thema Schule zum Albtraum machen. »Wenn ich nicht ständig daneben sitze, braucht Sarah den ganzen Nachmittag für ihre Rechenaufgaben«, hört man Eltern klagen. Sarah hat noch nicht gelernt, wirklich selbstständig zu arbeiten. Das wird hier ganz deutlich.

Im Kapitel 8 haben wir schon im Zusammenhang mit den Flüchtigkeitsfehlern über die Unselbstständigkeit von Kindern und die daraus resultierenden Probleme gesprochen. Jetzt geht es darum, welche speziellen Maßnahmen Sie als Mutter oder Vater ergreifen können, um aus unselbstständigen Kindern selbstständige zu machen.

Prüfen Sie zunächst einmal die allgemeine Selbstständigkeit Ihres Kindes. Wäscht es sich alleine, und zieht es sich alleine an, oder helfen Sie ihm dabei? Räumt es selbst sein Zimmer auf, oder müssen Sie immer hinter ihm herräumen? Hat es in der Familie kleine Routinearbeiten, wie den Müll hinausbringen oder Staub saugen, die es unaufgefordert und sorgfältig erledigt, oder ist es frei von jeder Aufgabe? Streicht es sich seine Pausenbrote selbst, oder machen Sie das? Steht es morgens sofort nach dem Wecken auf, oder müssen Sie wiederholt rufen, damit es nicht zu spät zur Schule kommt?

Falls sich bei den meisten dieser Fragen ergibt, dass Sie zumeist aktiv werden müssen, sollten Sie sich nicht wundern, wenn Ihr Kind nicht selbstständig und zügig seine Hausaufgaben macht. Es ist daran gewöhnt, dass Mama und Papa sich um alles kümmern und alles regeln.

Um Abhilfe zu schaffen, müssen Sie zunächst die allgemeine Selbstständigkeit Ihres Kindes fördern. Aber wie?

Die meisten Kinder sind durchaus zu selbstständigem Denken und Handeln bereit, wenn man ihnen die Verantwortung dafür überträgt. Wenn ein Kind weiß, dass der Vater es sowieso mit dem Auto zur Schule bringt, wenn es morgens im Badezimmer bummelt, warum sollte es sich dann umstellen? Kinder lernen am besten aus den Folgen ihres Handelns. Wenn diese Folgen jedoch nur angedroht werden, aber niemals eintreten, warum sollten sie sich dann darüber Gedanken machen?

Wenn aber der allmorgendliche Zeitplan allein Sache des Kindes ist und es die Erfahrung macht, dass es tatsächlich zu spät zur Schule kommt, wenn es bummelt, und die Folgen alleine tragen muss, wird es schon nach kurzer Zeit den morgendlichen Ablauf selbstständig regeln.

Geben Sie Ihrem Kind Verantwortung, und lassen Sie es die Folgen seines Handelns selbst tragen.

Darüber hinaus können Sie aber noch mehr tun. Bestärken Sie Ihr Kind, und loben Sie jeden noch so kleinen Schritt Ihres Kindes in die Selbstständigkeit! Ihr Kind weiß dann, dass es auf dem richtigen Weg ist.

Wenn ein Kind über viele Jahre nicht zur Selbstständigkeit erzogen wurde, wird es nicht von einem Tag auf den anderen völlig eigenständig werden. Dieser Prozess muss in kleinen Schritten über mehrere Monate ablaufen.

Bei den Hausaufgaben greift die Strategie, dem Kind Verantwortung für sein Handeln zu geben und es die Folgen tragen zu lassen, nur bedingt. Wenn ein Kind sich an die Hilfe der Eltern bei den Hausaufgaben gewöhnt hat und man lässt es unvorbereitet damit alleine, so wird es erst recht träumen und trödeln. Die Konsequenzen spürt es zunächst ja auch kaum. Natürlich braucht es noch länger als sonst für die Aufgaben, aber das ist auch meistens alles. Für Ihr Kind ist nicht erkennbar, dass es dadurch langsamer lesen, schreiben und rechnen lernt als seine Klassenkameraden.

Entlassen Sie Ihr Kind langsam und in ganz kleinen Schritten in die Selbstständigkeit. Geben Sie ihm bei den Hausaufgaben zunächst ein paar Minuten Starthilfe. Dann lassen Sie es für fünf Minuten alleine. Danach sehen Sie wieder nach ihm, und wenn es in dieser Zeit irgendetwas selbstständig erledigt hat, so loben Sie es und bleiben erneut für einige Minuten in seiner Nähe. Dann lassen Sie es wieder für fünf Minuten allein. In diesem Rhythmus fahren Sie fort, bis das Kind seine Hausaufgaben erledigt hat.

Nach demselben Schema lassen Sie Ihr Kind auch in den folgenden Tagen die Hausaufgaben machen. Erst wenn Sie sehen, dass Ihr Kind in den Fünf-Minuten-Intervallen, in denen es alleine ist, selbstständig weiterarbeitet, verlängern Sie die Intervalle auf sieben Minuten. Ansonsten verfahren Sie nach dem gleichen Muster.

Wenn Ihr Kind nach einigen Tagen auch in allen Sieben-Minuten-Intervallen ohne Ihre Hilfe seine Hausaufgaben gemacht hat, verlängern Sie die Zeitspanne noch einmal um zwei Minuten. Nach einigen Wochen, eventuell auch Monaten, sind die Zeitabstände so groß geworden, dass Ihr Kind seine kompletten Hausaufgaben in einem Zug alleine schafft. Dann lassen Sie auch die Starthilfe fort.

Den Selbstständigkeitsquotienten ermitteln

Um Ihr Kind zu motivieren, eigenständig zu arbeiten, sollten Sie es für jede selbstständige Leistung loben. Doch das reicht meistens nicht aus. Ihr Kind und auch Sie müssen den Erfolg und das Ziel immer deutlich sichtbar vor Augen haben. Dann halten Sie beide leichter durch. Dazu ist ein Diagramm, in dem Sie den Selbstständigkeitsquotienten Ihres Kindes eintragen können, gut geeignet. Anhand des Diagrammes lassen sich die Fortschritte sehr gut verfolgen.

Den Selbstständigkeitsquotienten können Sie leicht mit Hilfe einer Uhr bestimmen. Dazu addieren Sie alle Minuten, die Ihr Kind alleine an einem Tag an seinen Hausaufgaben arbeitet, und teilen Sie durch die Gesamtzeit in Minuten, die es für die Hausaufgaben benötigt.

Den erhaltenen Wert multiplizieren Sie mit 100 und runden das Ergebnis auf eine ganze Zahl. Dies ist dann der Selbstständigkeitsquotient in Prozent.

Ein Selbstständigkeitsquotient von 0 Prozent bedeutet, dass Ihr Kind nichts selbstständig erarbeitet. Ein Quotient von 100 Prozent bedeutet, dass es alles selbstständig macht.

Das Selbstständigkeitsdiagramm

Ein Beispiel soll dies veranschaulichen. Ihr Kind beginnt mit den Hausaufgaben um 15 Uhr und ist um 16.30 Uhr damit fertig. Es hat also insgesamt 90 Minuten damit zugebracht. Davon hat es acht Intervalle von je fünf Minuten alleine gearbeitet. Seine selbstständige Arbeit dauerte also 40 Minuten. Der Selbstständigkeitsquotient beträgt folglich 40 : 90 · 100 = 44 Prozent.

In dem Selbstständigkeitsdiagramm ist die waagerechte Achse in 31 Tage eines Monats unterteilt. Senkrecht ist der Selbstständigkeitsquotient von 0 bis 100 Prozent aufgetragen.

In dieses Diagramm werden nun die Selbstständigkeitsquotienten jedes Tages als kleine Punkte gezeichnet und mit dem Lineal verbunden. Dadurch entsteht eine durchgehende, aufsteigende Linie, die den Erfolg sichtbar macht. Ziel ist es, dass die Linie den oberen Rand des Diagramms erreicht.

In dem Beispiel sind schon einige Tage eingetragen, und man sieht, von kleinen Ausrutschern einmal abgesehen, dass die Kurve ansteigt. Die Lücken in der Kurve, in denen die Markierungen fehlen, sind Wochenenden, an denen das Kind keine Hausaufgaben machen musste.

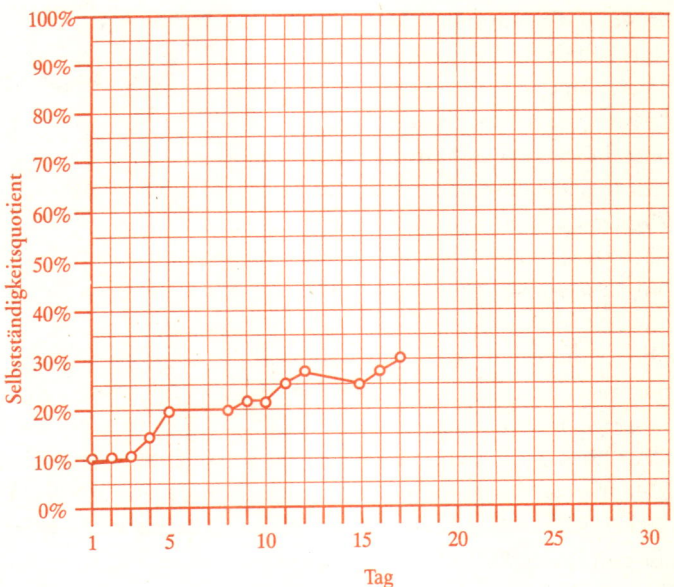

Im Anhang (→ Seite 173) finden Sie eine Kopiervorlage für dieses Diagramm. Wahrscheinlich reicht es nicht aus, nur einen einzigen Monat selbstständiges Arbeiten zu üben. Deshalb kleben Sie einfach zwei Diagramme aneinander und setzen die Kurve auf dem nächsten Blatt fort.

14 Das Rechenspiel stellt sich vor

Die Orientierung im Zahlenraum von 1 bis 10 und später dann bis 20 und bis 100 und die Grundrechnungen, die im Mathematikunterricht des ersten und zweiten Schuljahres erarbeitet werden, müssen die Kinder absolut sicher und auswendig beherrschen. Dieses Wissen muss jederzeit, ohne bewusste Denk- und Rechenleistung, abrufbar sein. Denn nur so können die Kinder die komplexen Rechnungen der schriftlichen Addition, Subtraktion, Multiplikation und Division bewältigen.

Die Grundrechnungen müssen also automatisiert werden. Um dies zu erreichen, gibt es nur ein einziges Mittel: üben, üben, üben … Hier mögen nun viele Eltern seufzen und denken: »Wir üben doch schon ständig mit unserem Kind, und Nachhilfeunterricht bekommt es auch. Doch es hat nichts genützt.« Im Wesentlichen sind drei Gründe dafür verantwortlich, wenn die gewünschten Resultate ausbleiben:

Erstens wird die Lernumgebung des Kindes nicht verändert. Es bleibt weiterhin lustlos und unselbstständig, lässt sich leicht ablenken und hat noch immer Angst vor Misserfolgen.

Zweitens sind die Einheiten zu lang, in denen Eltern und Nachhilfelehrer mit dem Kind üben. Und drittens ist die Methodik oft zu unsystematisch.

Vielen Kinder genügt es einfach nicht, ein Rechenverfahren nur ein Mal erklärt zu bekommen und dann das Erklärte an einigen Aufgaben zu üben.

Das kleine Einspluseins und das kleine Einmaleins beispielsweise müssen im Langzeitgedächtnis regelrecht verankert werden, damit die Ergebnisse dem Kind zu jeder Zeit ohne Nachdenken zur Verfügung stehen. Das bedeutet, die Aufgaben müssen häufig in kürzeren und auch längeren Zeitabständen gerechnet werden.

Die Anzahl der Durchgänge ist natürlich von Kind zu Kind und von Aufgabe zu Aufgabe verschieden. Wir brauchen deshalb ein Übungssystem, das diese verschiedenen Faktoren in der richtigen Form mit einbezieht. Unser Rechenspiel ist ein solches System, mit dessen Hilfe das Üben leicht fällt.

Wichtig ist, dass Sie schon während des Rechnens oder unmittelbar danach Ihrem Kind eine Rückmeldung geben, ob die Aufgabe richtig gelöst oder welcher Fehler gemacht wurde. So prägen sich falsche Ergebnisse gar nicht erst ein. Beim späterem Wiederholen dieser Aufgabe ist Ihrem Kind dann immer noch Ihr »Stopp! Das muss anders gerechnet werden, weil …« im Ohr.

Besonders Kinder mit ausgeprägten Versagensängsten müssen viele positive Erfahrungen machen. Die Übungseinheiten mit dem Rechenspiel müssen deshalb völlig frei von jeder Kritik oder jeder auch noch so leichten Missbilligung sein.

Kind und Eltern brauchen nicht nur kurzfristige, sondern auch langfristige, sichtbare Erfolgserlebnisse. Nur so bleibt die Motivation über einen längeren Zeitraum erhalten. Wir haben deshalb ein Lernspiel entwickelt, dass Ihnen und Ihrem Kind zum einen die notwendigen Erfolgserlebnisse verschafft. Zum anderen kann sich Ihr Kind spielerisch und durchaus mit Vergnügen das Wissen aneignen, das es braucht. Zur Kontrolle sollten Sie über die Erfolge und Misserfolge des Lernspiels genau Buch führen.

Der Spielverlauf

Der Spielverlauf soll nun am Beispiel des kleinen Einspluseins erklärt werden.

Das kleine Einspluseins besteht aus insgesamt fünfundvierzig verschiedenen Rechnungen. Schreiben Sie deshalb auf fünfundvierzig Rechenkärtchen jeweils eine dieser Aufgaben. Notieren Sie sie auf die Linien über den drei Kästchenreihen. Die Ergebnisse werden allerdings nicht dazu geschrieben. So steht beispielsweise auf einem der Kärtchen »5 + 3 = …«

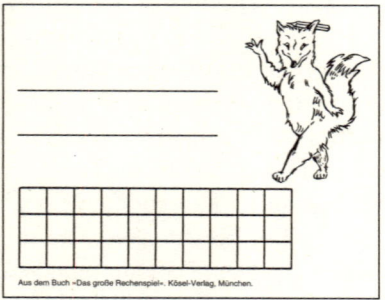

Aus dem Buch »Das große Rechenspiel«. Kösel-Verlag, München.

100 Rechenkärtchen haben wir für Sie vorbereitet. Im Anhang finden Sie aber auch eine Vorlage, mit der Sie sich solche Rechenkärtchen leicht selbst herstellen können. Kopieren Sie die Vorlage auf dünnen Karton, und schneiden Sie die Kärtchen anschließend auseinander.

Für die Kärtchen benötigen Sie nun noch zwei verschieden-
farbige oder unterschiedlich gemusterte Schachteln. Sie können sie sich leicht aus buntem Karton basteln. Eine andere
Möglichkeit wäre, Zigarrenkisten mit farbigem Papier zu
bekleben. Da die Kärtchen etwa DIN-A6-Format haben, können Sie auch kleine Karteikästen verwenden, die für ein paar
Euro in Schreibwarengeschäften erhältlich sind.

Für die erste Runde des Spiels werden die Kärtchen gründlich
gemischt, und der Stapel wird vor dem Kind auf den Tisch
gelegt. Das Kind versucht nun, die Aufgabe auf der obersten
Karte des Stapels zu lösen. Ziel des Spiels ist es, dass Ihr Kind
die Grundrechnungen auswendig lernt.

Bitten Sie Ihr Kind, laut zu denken, solange es noch rechnet.
Sie merken dann sofort, was Ihr Kind falsch macht. Direkt
nachdem das Kind sein Ergebnis genannt hat, sagen Sie ihm,
ob es richtig oder falsch war, und gegebenenfalls, was es falsch
gemacht hat.

Hat das Kind die Aufgabe richtig gelöst, darf es zur Belohnung
ein Kreuzchen oder ein lachendes Gesicht in das erste der
dreißig Felder des Kärtchens malen. Löst es die Aufgabe hingegen nicht richtig, so kommt ein Strich in das erste Feld. Es
sollte auf jeden Fall ein neutraler Strich sein. Ein negatives
Zeichen oder ein trauriges Gesicht würde das Kind als Ablehnung verstehen. Das bearbeitete Kärtchen wird anschließend
in die z. B. rote Schachtel gestellt.

Die Kreuzchen, Striche und Gesichter sollten mit einem wei-
chen Bleistift gezeichnet werden, damit man sie später wieder
ausradieren kann.

Nun wird das gleiche Spiel mit allen folgenden Rechenkärtchen auf dem Stapel wiederholt. Die abgearbeiteten Kärtchen
werden der Reihenfolge nach in die rote Schachtel gestellt.
Das zuerst bearbeitete Kärtchen steht also in der Schachtel
immer ganz vorne und das zuletzt bearbeitete ganz hinten.

Ist die Übungszeit vorbei und das Kind hat noch nicht alle

Kärtchen bearbeitet, werden die unbearbeiteten Kärtchen *vor* das erste bearbeitete Kärtchen in die rote Schachtel gestellt. In der roten Schachtel stehen also vorne die unbearbeiteten Kärtchen und dahinter die bearbeiteten Kärtchen in der Reihenfolge ihrer Bearbeitung.

Hat das Kind jedes Kärtchen bearbeitet und die Übungszeit ist noch nicht um, so werden alle Kärtchen aus der roten Schachtel neu gemischt, und das ganze Spiel beginnt von neuem, bis die Übungszeit abgelaufen ist.

Beim nächsten Übungstermin werden alle Kärtchen aus der roten Schachtel genommen und vor das Kind auf den Tisch gelegt. Falls es noch unbearbeitete Aufgaben vom vorherigen Training gibt, liegen diese Kärtchen oben im Stapel und werden vom Kind zuerst gerechnet. Die Spielrunde verläuft genauso wie beim letzten Mal.

Wozu dient nun aber die z. B. grüne Schachtel? Wenn ein Kärtchen sieben Mal nacheinander richtig bearbeitet worden ist, darf man davon ausgehen, dass sich das Kind die Aufgabe und ihr Ergebnis eingeprägt hat. Darum wandert ein Kärtchen, bei dem sieben Kreuzchen oder lachende Gesichter hintereinander stehen, in das grüne Kästchen. Das Rechenspiel ist zunächst einmal beendet, wenn alle Kärtchen im grünen Kästchen sind.

Die Kärtchen werden dann jedoch nicht weggeworfen, sondern, nachdem Sie die Kreuzchen, Striche und Gesichter ausradiert haben, beiseite gelegt.

Nach einiger Zeit, das können Tage oder Wochen sein, wird das Spiel wiederholt. Aller Erfahrung nach verläuft diese zweite Runde wesentlich schneller als die erste, und das Kind macht deutlich weniger Fehler. Aber seien Sie nicht enttäuscht, wenn das nicht so ist: In den meisten Fällen kennt das Kind nicht mehr alle Ergebnisse auswendig und macht außerdem auch noch Rechenfehler. Das ist jedoch völlig normal und kein Anlass zur Sorge.

Wieder einige Zeit später sollte das Spiel noch in eine dritte, vierte und unter Umständen auch eine fünfte, sechste und siebte Runde gehen. Das hängt ganz davon ab, wie sicher und schnell das Kind die Ergebnisse spontan und ohne nachzudenken nennt.

Wann wird geübt?

Die Übungseinheiten sollten nicht zu lang sein. Für Erst- und Zweitklässler ist eine Viertelstunde das richtige Maß. Dritt- und Viertklässler können sich schon zwanzig Minuten mit dem Spiel beschäftigen.

Damit die Kinder sich die Rechnungen und Ergebnisse auch wirklich einprägen, dürfen die Abstände zwischen den Übungseinheiten nicht zu groß sein. Vier bis fünf Einheiten pro Woche sind angemessen. Dabei darf, falls es Ihr Kind akzeptiert, auch das Wochenende mit einbezogen werden.

Die Schulferien sind ein wenig problematisch. Einerseits hat Ihr Kind ein Recht auf eine schul- und schularbeitenfreie Zeit, die Sie ihm nicht nehmen sollten. Andererseits gefährdet eine längere Unterbrechung des regelmäßigen Übens den Erfolg. Sie sollten also versuchen, mit Ihrem Kind einen Kompromiss auszuhandeln, besonders für die langen Sommerferien.

Dieser könnte beispielsweise so aussehen, dass in den ersten anderthalb und in den letzten anderthalb Wochen der Sommerferien mit dem Rechenspiel geübt wird, eventuell mit kürzeren Übungseinheiten. Sie sollten Ihr Kind auf gar keinen Fall in den Schulferien zum Üben zwingen. Dann ist es immer noch besser, in den Ferien das Spiel zu unterbrechen.

16 **Die Dokumentation**

Neben dem Üben mit den Rechenkärtchen ist die Dokumentation des Lernerfolges wichtig. Dazu werden von jeder Übungseinheit zwei Kenngrößen bestimmt. Die erste ist der Erfolgsquotient. Um ihn zu ermitteln, wird die Anzahl der richtig gerechneten Aufgaben mit 100 multipliziert und danach durch die Anzahl aller gerechneten Aufgaben geteilt. Das Ergebnis wird anschließend auf eine ganze Zahl gerundet. Dadurch erhält man einen Wert zwischen 0 und 100, der den Erfolgsquotienten in Prozent darstellt. Ein Erfolgsquotient von 0 Prozent bedeutet, dass das Kind alle Aufgaben falsch gelöst hat. Ein Erfolgsquotient von 100 Prozent heißt, dass alle Aufgaben richtig gerechnet worden sind.

Ein Beispiel: Das Kind bearbeitet in der Übungseinheit 37 Kärtchen und löst 26 richtig. Die Rechnung ergibt $26 \cdot 100 : 37 = 70{,}27$. Der Erfolgsquotient beträgt 70 Prozent.

Schafft das Kind in einer Übungseinheit mehr als einen Durchgang und rechnet deshalb manche Aufgaben zweimal, so zählen diese Aufgaben auch doppelt. Ein Beispiel: Von 37 Kärtchen bearbeitet das Kind im ersten Durchgang alle 37 und im zweiten Durchgang weitere 15. Von diesen insgesamt 52 Aufgaben löst es 43 richtig. Das ergibt einen Erfolgsquotienten von $43 \cdot 100 : 52 = 83$ Prozent.

Die zweite wichtige Kenngröße ist die Rechengeschwindigkeit. Dazu wird die Anzahl der richtig gerechneten Aufgaben durch die Dauer der Übungseinheit (in Minuten) geteilt. Das Ergebnis wird auf eine Stelle nach dem Komma gerundet. Je größer die Zahl ist, umso schneller kann das Kind fehlerfrei rechnen.

Ein Beispiel: Das Kind bearbeitet 37 Kärtchen und löst davon 26 richtig. Die Übungseinheit dauert eine Viertelstunde. Die Rechnung ergibt folglich 26 : 15 = 1,73. Das Kind hat also eine Rechengeschwindigkeit von 1,7 Aufgaben pro Minute.

Erfolgsquotient (Kopiervorlagen → Seite 174) und Rechengeschwindigkeit werden nach jeder Übungseinheit in Diagramme eingetragen. Bei diesen Diagrammen sind die horizontalen Achsen jeweils in fünfunddreißig Übungseinheiten unterteilt. Sollten Sie mit Ihrem Kind noch mehr Einheiten üben, können Sie die Eintragungen in einem zweiten Diagramm, das Sie an das erste kleben, fortsetzen. Die vertikale Achse ist beim Erfolgsquotientendiagramm von 0 bis 100 Prozent unterteilt.

Bei der zweiten Diagrammart ist auf der vertikalen Achse die Rechengeschwindigkeit aufgetragen. Allerdings fehlt die Maßeinteilung, da von Kind zu Kind und von Aufgabentyp zu Aufgabentyp die Höhe der Rechengeschwindigkeit stark schwanken kann. Deshalb müssen Sie die Skalierung nach den ersten Übungseinheiten selbst festlegen. Erfahrungsgemäß können die meisten Kinder ihre Rechengeschwindigkeit nach etlichen Übungseinheiten ungefähr auf das Vierfache steigern. Darum sollten Sie die Achse so anlegen, dass der größtmögliche Wert etwa das Vierfache der Rechengeschwindigkeit aus der zweiten oder dritten Übungseinheit ist.

Ein Beispiel: Das Kind hat in der zweiten Übungseinheit eine Rechengeschwindigkeit von 4,9 und in der dritten von 5,3 Aufgaben pro Minute. Das Vierfache dieser beiden Werte beträgt 19,6 bzw. 21,2 Aufgaben pro Minute. Die vertikale Achse sollte also von 0 bis 20 unterteilt werden.

Sie sollten auf keinen Fall eine maximale Rechengeschwindigkeit wählen, die wesentlich höher als das Vierfache der anfänglichen Rechengeschwindigkeit ist, denn sonst erscheint die Erfolgskurve in dem Diagramm zu flach. Das kann sich demotivierend auf Ihr Kind auswirken.

Die Erfolgsquotienten und Rechengeschwindigkeiten jeder Übungseinheit werden als kleine Punkte in die Diagramme gezeichnet und dann mit dem Lineal verbunden.

Sie werden feststellen, dass beide Kurven von Übungseinheit zu Übungseinheit immer weiter ansteigen. Doch es wird auch zu Einbrüchen in der Kurve kommen. Dann sollten Sie genau analysieren, woran es gelegen haben könnte, und die vermuteten Gründen in das Diagramm schreiben. Zum Beispiel: »Jan ist krank«, »Streit mit Jan« oder »Eltern sind nervös«.

Wie sehen die Diagramme nun tatsächlich aus? Beispielsweise könnten die Fehlerquotienten der ersten fünf Übungseinheiten 43%, 40%, 53%, 37% und 62% betragen und die Rechengeschwindigkeiten bei 4,6 – 4,9 – 5,3 – 3,3 und 5,7 Aufgaben pro Minute liegen. Am vierten Übungstag, an dem der Ausrutscher von 37 Prozent bzw. 3,3 Aufgaben pro Minute passiert ist, haben Mutter und Tochter lange über die Höhe des Taschengelds gestritten.

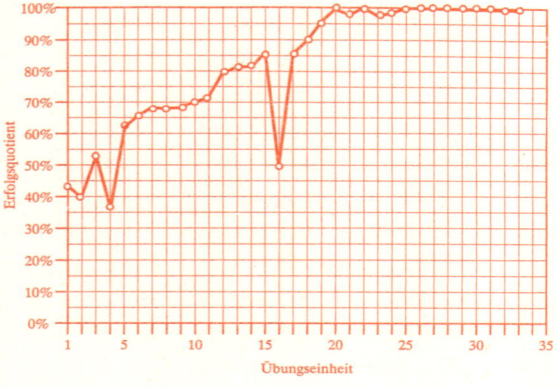

In vorliegenden Beispiel rechnet das Mädchen nach zwanzig Tagen praktisch fehlerfrei. Ihre Rechengeschwindigkeit hat sie nach insgesamt sechsundzwanzig Übungseinheiten von 4,6 auf 17 Aufgaben pro Minute gesteigert. Danach verläuft die Kurve flach weiter. Nun sollte das Rechenspiel beendet werden, da eine weitere Steigerung nicht mehr zu erwarten ist.

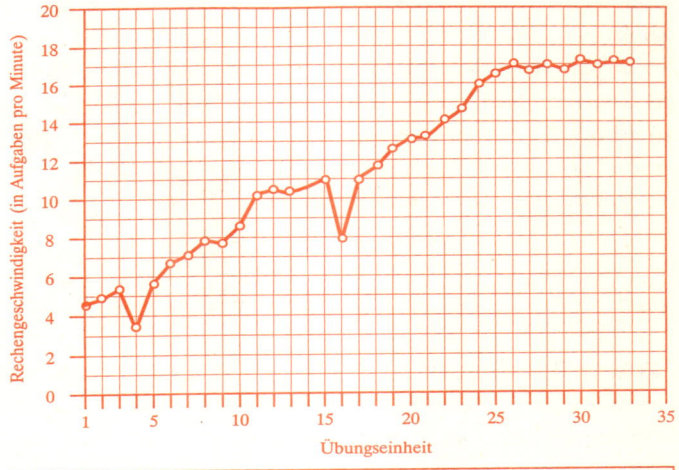

Bemerkungen:
4. Übung: Streit mit Christina
16. Übung: Christina hat in der Deutscharbeit eine 5 geschrieben.

Kinder begreifen sehr schnell, dass es bei den Übungen darauf ankommt, dass die Kurven in den Diagrammen möglichst steil ansteigen. Meistens entwickeln sie einen spielerischen Ehrgeiz, schnell zum oberen Rand der Diagramme zu gelangen. Auch wenn dies nicht gelingt und die Kurven nur langsam ansteigen, so ist es für die Kinder wie für die Eltern Anreiz genug, nicht aufzugeben und weiterzuüben.

17 Aufgaben für das Rechenspiel

Mit Hilfe der Rechenkärtchen können Sie eine Vielzahl von Übungen erfinden. Zahlreiche Anregungen dazu finden Sie auf den nächsten Seiten, aber mit etwas Fantasie fallen Ihnen sicher noch viele andere Möglichkeiten ein.

Erfassen von Anzahlen

Im ersten Schuljahr müssen Kinder die Anzahl von bis zu sieben Dingen durch einfaches Hinschauen, ohne zu zählen, erfassen können. Bei bis zu vier Dingen sollte dies auf einen einzigen Blick geschehen. Bei höheren Anzahlen dürfen die Kinder die Dinge in Gedanken gruppieren. Fünf Dinge werden also beispielsweise so erfasst, dass das Kind sie blitzschnell in eine Gruppe von drei und eine von zwei Dingen aufteilt und deren Anzahlen getrennt voneinander registriert. Anschließend werden die Anzahlen addiert, dies allerdings ohne zu rechnen, denn das Kind sollte wissen, dass $2 + 3 = 5$ ist.

Kinder, die das Erfassen der Anzahlen nicht beherrschen, können es mit dem Rechenspiel üben. Hier finden Sie Übungsmaterial, das Sie auf die Rechenkärtchen übertragen können. Weitere Aufgaben können Sie sich leicht selbst ausdenken. Lassen Sie Ihrer Fantasie freien Lauf! Vergessen Sie nicht, die Rechenkärtchen vor dem Spiel gründlich zu mischen.

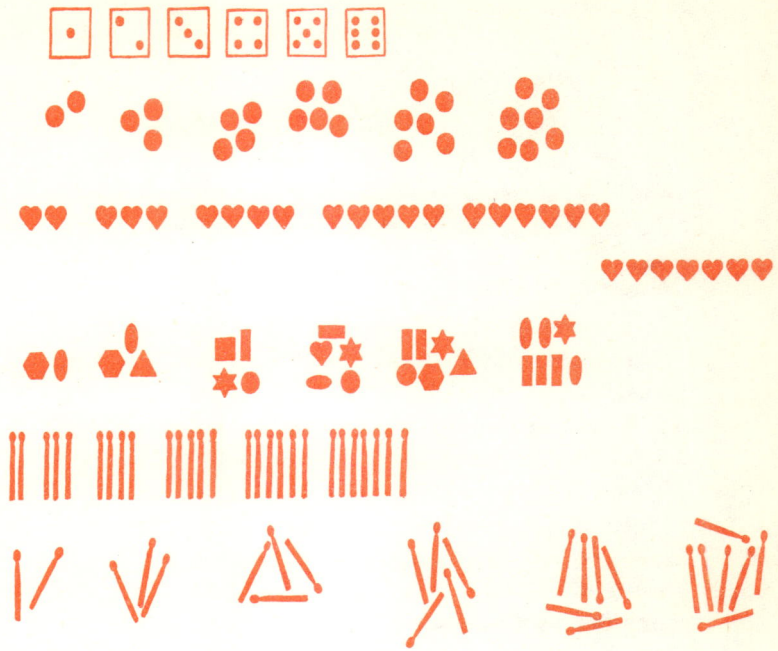

Natürlich könnten Sie sich auch das umständliche und zeitaufwendige Zeichnen der Symbolmengen auf die Rechenkärtchen sparen und ihrem Kind direkt Mengen von Münzen, Streichhölzern, Murmeln, Knöpfen oder Legosteinen vorlegen. Das hat jedoch einen großen Nachteil: Ihnen und Ihrem Kind fehlt die direkt messbare Leistungskontrolle durch den Erfolgsquotienten und die Rechengeschwindigkeit. Für die Bestimmung beider Größen ist es nämlich notwendig, dass keine Zeit beim Aufbauen bzw. Arrangieren der Gegenstände verloren geht und dass dieselben Aufgaben häufiger wiederholt werden. Außerdem sind die aufsteigenden Kurven in den Diagrammen der sichtbare Lohn der Arbeit und für die Motivation Ihres Kindes sehr wichtig.

113

Kenntnis des Zahlenraumes von 1 bis 10 und von 1 bis 20

Kinder müssen im ersten Schuljahr den Zahlenraum von 1 bis 10 und später auch bis 20 so gut kennen lernen, dass sie sich ohne nachzudenken in ihm zurechtfinden. Dazu können Sie die folgenden Rechenspiele mit Ihrem Kind üben:

Nachbarinnen

Verteilen Sie die Zahlen von 1 bis 20 auf zwanzig Rechenkärtchen. Fragen Sie Ihr Kind beim Rechenspiel, zwischen welchen beiden Zahlen die Zahl auf dem Kärtchen liegt. In manchen Schulen werden diese als die Nachbarinnen der Zahl bezeichnet. Ist dies bei Ihrem Kind auch der Fall, so fragen Sie es nach den Nachbarinnen der Zahl auf dem Kärtchen. Wenn Ihr Kind diese Übung gut beherrscht, bitten Sie es, Ihnen die übernächsten Nachbarinnen der Zahl zu nennen.

Größer und kleiner

Schreiben Sie auf jedes Rechenkärtchen zwei verschiedene Zahlen aus dem Zahlenraum von 1 bis 10. Es gibt insgesamt 45 solcher Paare. Die beiden Zahlen dürfen auf den Kärtchen nicht nach der Größe geordnet sein. Am besten würfeln Sie die Reihenfolge aus. (Ein bis drei Augen: kleine Zahl zuerst; vier bis sechs Augen: große Zahl zuerst.) Eine andere Möglichkeit ist, neunzig Kärtchen zu beschriften. Dann kommt jedes Zahlenpaar in beiden Reihenfolgen ein Mal vor. Beim Rechenspiel fordern Sie Ihr Kind dann auf, zu jedem Kärtchen die beiden größeren Zahlen zu nennen.

Für den Zahlenraum von 1 bis 20 gibt es insgesamt 190 verschiedene Zahlenpaare. Treffen Sie eine Auswahl von etwa fünfzig Paaren. Sie sollte möglichst gleichmäßig über die Kombinationen verteilt sein. Folgende Paare wären beispielsweise gut geeignet:

4, 17	19, 7	15, 10	8, 12	19, 17
19, 6	10, 14	3, 13	3, 18	15, 4
9, 2	2, 15	14, 18	9, 3	20, 2
10, 16	7, 14	16, 10	8, 20	2, 10
4, 18	3, 12	2, 9	8, 15	8, 14
20, 15	14, 12	4, 16	6, 8	5, 12
6, 17	19, 14	14, 10	8, 3	17, 20
2, 8	5, 6	18, 20	10, 13	7, 18
10, 7	12, 16	15, 9	5, 19	13, 19

Selbstverständlich können Sie aber auch andere, mehr oder weniger Paare nehmen.

Größer- und Kleinerzeichen

Wenn Ihr Kind diese Übungen sicher beherrscht, können Sie mit denselben Kärtchen das Größerzeichen (>) und das Kleinerzeichen (<) üben. Ihr Kind muss jedes Zahlenpaar von den Kärtchen abschreiben und das richtige Zeichen dazwischen setzen. Diese Aufgabe muss Ihr Kind auf jeden Fall schriftlich lösen, damit sich die Bedeutung des Symbols richtig einprägt.

Zählen in Zweierschritten

Schreiben Sie die Zahlen von 1 bis 18 auf achtzehn Rechenkärtchen, und zeichnen Sie hinter jede Zahl einen aufwärts gerichteten Pfeil (z. B. 12 ↑). Auf weitere achtzehn Kärtchen schreiben Sie die Zahlen von 3 bis 20 mit einem dahinter stehenden abwärts gerichteten Pfeil (z. B. 13 ↓). Beim Rechenspiel zählt Ihr Kind, beginnend mit der Zahl auf dem Kärtchen, in Zweierschritten aufwärts, wenn der Pfeil nach oben zeigt, und abwärts, wenn der Pfeil nach unten zeigt. Bei dem Kärtchen 7 ↓ heißt es also »sieben, fünf, drei, eins«.

Wenn Ihr Kind diese Übung gut beherrscht, wechseln Sie zum nächsten Schwierigkeitsgrad, den Dreierschritten. Die Kärtchen, auf denen 18 ↑ oder 3 ↓ steht, müssen vorher aus dem Spiel entfernt werden.

Partnerzahlen

Für die schriftliche Subtraktion und Division, die Ihr Kind im dritten und vierten Schuljahr lernen wird, ist es notwendig, die Partnerzahlen der Zahlen aus dem Raum von 1 bis 10 auswendig zu wissen.

Partnerzahlen sind nichts anderes als die Ergänzungen zu 10, also 1–9, 2–8, 3–7, 4–6, 5–5, 6–4, 7–3, 8–2 und 9–1. Die 5 ist eine für manche Kinder schwer verständliche Besonderheit, denn sie ist ihre eigene Partnerzahl. (Falls Ihr Kind in der Schule schon die Null kennen gelernt hat, nehmen Sie auch noch das Paar 0–10 dazu.)

Schreiben Sie auf neun Rechenkärtchen die Zahlen von 1 bis 9. Alternativ schreiben Sie auf siebenundzwanzig Kärtchen drei Mal die Zahlen von 1 bis 9, um sich das häufige Mischen zu sparen.

Beim Rechenspiel muss Ihr Kind nun jeweils die zur Zahl auf dem Kärtchen gehörende Partnerzahl nennen.

Kleines Einspluseins

Für komplexe Rechenverfahren wie die schriftliche Addition, Subtraktion, Multiplikation oder Division müssen als Zwischenschritte viele kleine Additionen von einstelligen Zahlen berechnet werden. Um das Gedächtnis zu entlasten und für die eigentliche Aufgabe frei zu halten, müssen die Kinder die Ergebnisse aller Additionen einstelliger Zahlen auswendig können.

Dies sollte in zwei Teilschritten geschehen: Zunächst wird das kleine Einspluseins geübt, bei dem kein Ergebnis größer als 10 ist, und danach das große Einspluseins, bei dem der Zahlenraum bis 20 benötigt wird.

Es gibt 45 verschiedene Additionen, deren Ergebnis höchstens 10 beträgt. Schreiben Sie diese Aufgaben auf die Rechenkärtchen.

1 + 1 =	2 + 1 =	3 + 2 =	4 + 4 =	6 + 2 =
1 + 2 =	2 + 2 =	3 + 3 =	4 + 5 =	6 + 3 =
1 + 3 =	2 + 3 =	3 + 4 =	4 + 6 =	6 + 4 =
1 + 4 =	2 + 4 =	3 + 5 =	5 + 1 =	7 + 1 =
1 + 5 =	2 + 5 =	3 + 6 =	5 + 2 =	7 + 2 =
1 + 6 =	2 + 6 =	3 + 7 =	5 + 3 =	7 + 3 =
1 + 7 =	2 + 7 =	4 + 1 =	5 + 4 =	8 + 1 =
1 + 8 =	2 + 8 =	4 + 2 =	5 + 5 =	8 + 2 =
1 + 9 =	3 + 1 =	4 + 3 =	6 + 1 =	9 + 1 =

Großes Einspluseins

Das große Einspluseins sind alle Additionen von einstelligen Zahlen. In 36 Fällen ist das Ergebnis größer als 10. Schreiben Sie nun diese Rechnungen auf Ihre Rechenkärtchen.

2 + 9 =	5 + 8 =	7 + 5 =	8 + 6 =	9 + 6 =
3 + 8 =	5 + 9 =	7 + 6 =	8 + 7 =	9 + 7 =
3 + 9 =	6 + 5 =	7 + 7 =	8 + 8 =	9 + 8 =
4 + 7 =	6 + 6 =	7 + 8 =	8 + 9 =	9 + 9 =
4 + 8 =	6 + 7 =	7 + 9 =	9 + 2 =	
4 + 9 =	6 + 8 =	8 + 3 =	9 + 3 =	
5 + 6 =	6 + 9 =	8 + 4 =	9 + 4 =	
5 + 7 =	7 + 4 =	8 + 5 =	9 + 5 =	

Üben Sie mit Ihrem Kind zunächst einmal nur mit diesen 36 Kärtchen. Erst wenn Ihr Kind alle Rechnungen sicher auswendig kann, mischen Sie die 45 Kärtchen mit den Rechnungen des kleinen Einspluseins darunter und üben mit dem vollständigen Satz von 81 Kärtchen.

Kleines Einsminuseins

Das kleine Einsminuseins sind die Subtraktionen, die im Zahlenraum von 1 bis 10 stattfinden. Es gibt hierfür 36 verschiedene Möglichkeiten. Schreiben Sie diese auf Rechenkärtchen. Achten Sie darauf, dass Sie nicht versehentlich Aufgaben entwerfen, deren Ergebnis 0 oder gar negativ ist.

$2 - 1 =$	$5 - 4 =$	$7 - 4 =$	$8 - 7 =$
$3 - 1 =$	$6 - 1 =$	$7 - 5 =$	$9 - 1 =$
$3 - 2 =$	$6 - 2 =$	$7 - 6 =$	$9 - 2 =$
$4 - 1 =$	$6 - 3 =$	$8 - 1 =$	$9 - 3 =$
$4 - 2 =$	$6 - 4 =$	$8 - 2 =$	$9 - 4 =$
$4 - 3 =$	$6 - 5 =$	$8 - 3 =$	$9 - 5 =$
$5 - 1 =$	$7 - 1 =$	$8 - 4 =$	$9 - 6 =$
$5 - 2 =$	$7 - 2 =$	$8 - 5 =$	$9 - 7 =$
$5 - 3 =$	$7 - 3 =$	$8 - 6 =$	$9 - 8 =$

Großes Einsminuseins

Das große Einsminuseins sind alle die Subtraktionen, die im Zahlenraum bis 20 stattfinden und deren Subtrahend und Ergebnis einstellig sind. Sie benötigen zusätzlich zu den Kärtchen des kleines Einsminuseins noch 45 weitere.

$10 - 1 =$	$11 - 2 =$	$12 - 4 =$	$13 - 7 =$	$15 - 7 =$
$10 - 2 =$	$11 - 3 =$	$12 - 5 =$	$13 - 8 =$	$15 - 8 =$
$10 - 3 =$	$11 - 4 =$	$12 - 6 =$	$13 - 9 =$	$15 - 9 =$
$10 - 4 =$	$11 - 5 =$	$12 - 7 =$	$14 - 5 =$	$16 - 7 =$
$10 - 5 =$	$11 - 6 =$	$12 - 8 =$	$14 - 6 =$	$16 - 8 =$
$10 - 6 =$	$11 - 7 =$	$12 - 9 =$	$14 - 7 =$	$16 - 9 =$
$10 - 7 =$	$11 - 8 =$	$13 - 4 =$	$14 - 8 =$	$17 - 8 =$
$10 - 8 =$	$11 - 9 =$	$13 - 5 =$	$14 - 9 =$	$17 - 9 =$
$10 - 9 =$	$12 - 3 =$	$13 - 6 =$	$15 - 6 =$	$18 - 9 =$

Üben Sie mit Ihrem Kind, genau wie beim großen Einspluseins, vorerst nur mit diesen Kärtchen. Erst wenn Ihr Kind alle Rechnungen sicher auswendig kann, mischen Sie sie mit den Aufgaben des kleinen Einsminuseins und üben mit dem kompletten Kartensatz.

Kleines Einmaleins

Das kleine Einmaleins, also die Multiplikationen von zwei Zahlen aus dem Bereich von 1 bis 10, wird im zweiten Schuljahr gelehrt. Jedes Kind muss es auswendig können, ansonsten sind schriftliche Multiplikationen und Divisionen von mehrstelligen Zahlen nur mit großer Mühe möglich.

Multiplikation

Schreiben Sie das Einmalnull bis Einmalzehn auf je zehn Rechenkärtchen. Üben Sie zunächst nur mit jeweils einem einzelnen Einmaleins. Wenn Ihr Kind jedes für sich sicher beherrscht, mischen Sie nach und nach immer mehr zusammen, bis schließlich mit allen 110 Kärtchen trainiert wird.

Das Einmaleins der 0 und der 1 zu üben, mag auf den ersten Blick lächerlich erscheinen. Doch sind es gerade die Multiplikationen mit 0 und 1, die bei der schriftlichen Multiplikation und Division zu Problemen führen. Ihr Kind wird sie sicherlich auch sehr schnell beherrschen, wenn es sie als einzelne Reihen lernt. Etwas schwerer fällt es Kindern dann oft, wenn diese Kärtchen mit den anderen vermischt sind.

Faktorenpaare

Ihr Kind muss das kleine Einmaleins in beiden Richtungen auswendig beherrschen. Das heißt, es muss von zwei Faktoren das Produkt kennen, aber auch von einem Produkt wissen, aus welchen Faktoren es besteht. Das ist nicht immer eindeutig. Die Zahl 16 beispielsweise ist $2 \cdot 8$ und auch $4 \cdot 4$. Ihr Kind soll nicht nur eines, sondern alle Faktorenpaare kennen. Es braucht jedoch nicht die Faktoren des großen Einmaleins zu wissen. Bei der Zahl 24 muss es also nur $3 \cdot 8$, nicht aber $2 \cdot 12$ und $1 \cdot 24$ nennen können.

Für dieses Spiel schreiben Sie die folgenden Zahlen auf 41 Rechenkärtchen. Falls Sie das kleine Einmaleins selbst nicht mehr schnell genug rückwärts beherrschen, können Sie die in Klammern hinter jeder Zahl stehenden Faktoren auf die Rückseite der Kärtchen schreiben.

1 $(1 \cdot 1)$	12 $(2 \cdot 6, 3 \cdot 4)$	28 $(4 \cdot 7)$	50 $(5 \cdot 10)$
2 $(1 \cdot 2)$	14 $(2 \cdot 7)$	30 $(3 \cdot 10, 5 \cdot 6)$	54 $(6 \cdot 9)$
3 $(1 \cdot 3)$	15 $(3 \cdot 5)$	32 $(4 \cdot 8)$	56 $(7 \cdot 8)$
4 $(1 \cdot 4, 2 \cdot 2)$	16 $(2 \cdot 8, 4 \cdot 4)$	35 $(5 \cdot 7)$	60 $(6 \cdot 10)$
5 $(1 \cdot 5)$	18 $(2 \cdot 9, 3 \cdot 6)$	36 $(4 \cdot 9, 6 \cdot 6)$	63 $(7 \cdot 9)$
6 $(1 \cdot 6, 2 \cdot 3)$	20 $(2 \cdot 10, 4 \cdot 5)$	40 $(4 \cdot 10, 5 \cdot 8)$	64 $(8 \cdot 8)$
7 $(1 \cdot 7)$	21 $(3 \cdot 7)$	42 $(6 \cdot 7)$	70 $(7 \cdot 10)$
8 $(1 \cdot 8, 2 \cdot 4)$	24 $(3 \cdot 8, 4 \cdot 6)$	45 $(5 \cdot 9)$	72 $(8 \cdot 9)$
9 $(1 \cdot 9, 3 \cdot 3)$	25 $(5 \cdot 5)$	48 $(6 \cdot 8)$	80 $(8 \cdot 10)$
10 $(1 \cdot 10, 2 \cdot 5)$	27 $(3 \cdot 9)$	49 $(7 \cdot 7)$	90 $(9 \cdot 10)$
			100 $(10 \cdot 10)$

Einmaleinsreihe

Sie können die Frage auch anders stellen: Zu welchen Reihen des kleinen Einmaleins gehört die Zahl ...? Bei der Zahl 36 beispielsweise muss die Antwort darauf lauten: Zur Viererreihe, zur Sechserreihe und zur Neunerreihe.

Division mit Rest

Für das schriftliche Teilen durch einen einstelligen Divisor müssen die Kinder die Ergebnisse aller Divisionen von zweistelligen Zahlen durch einstellige auswendig können, auch wenn dabei ein Rest auftritt. Schreiben Sie deshalb auf hundert Rechenkärtchen die Zahlen von 1 bis 100, und üben Sie mit Ihrem Kind die einzelnen Einmaleinsreihen nacheinander. Wenn Sie das Einmalacht üben, muss es zum Kärtchen mit der Zahl 56 sagen: »sieben mal acht« und zum Kärtchen mit der Zahl 43: »fünf mal acht, Rest 3«. Sie können dabei alle Zahlen aus dem Spiel nehmen, die größer als das Zehnfache der Zahl sind, die Sie gerade üben. Beim Üben des Einmalvier lassen Sie also nur die Kärtchen von 1 bis 40 im Spiel.

Gedächtnistraining

Zum erfolgreichen Rechnen muss Ihr Kind nicht nur die Rechenverfahren und die Ergebnisse der Grundrechnungen in seinem Langzeitgedächtnis gespeichert haben, sondern es braucht auch ein gut trainiertes Kurzzeitgedächtnis, damit es während des Rechnens Zwischenergebnisse speichern kann.

Auch für ein Training des Kurzzeitgedächtnisses sind die Rechenkärtchen gut geeignet.

Schreiben Sie auf hundert Kärtchen die Zahlen von 1 bis 100, und mischen Sie sie gründlich. Lesen Sie Ihrem Kind die Zahl auf dem obersten Kärtchen vor und legen sie dann beiseite. Geben Sie Ihrem Kind nun den Kartenstapel, und bitten Sie es, ein Kärtchen nach dem anderen laut vorzulesen. Nach zwanzig Sekunden unterbrechen Sie Ihr Kind und fragen es nach der Zahl, die Sie ihm zu Anfang genannt haben. Nun wiederholen Sie das Spiel immer wieder mit neuen Zahlen.

Wenn dies gut klappt, sprechen Sie Ihrem Kind zwei Zahlen vor, die es, nachdem es zwanzig Sekunden lang Zahlen vorgelesen hat, in der richtigen Reihenfolge wiederholen soll.

Nach und nach können Sie die Zahlen, die sich Ihr Kind merken soll, auf fünf erhöhen. Diese Auswahl ist völlig ausreichend. Oft entwickeln die Kinder einen solchen Ehrgeiz, dass sich manche bis zu sieben Zahlen einprägen können.

Sie können den Schwierigkeitsgrad noch weiter erhöhen: Ihr Kind liest in den zwanzig Sekunden Zahlen vor, und bei jeder Zahl, die die Ziffer 3 enthält oder durch 3 teilbar ist, schnalzt es einmal mit der Zunge oder schnippt mit den Fingern.

Bei diesem Gedächtnistraining bleiben immer alle hundert Karten im Spiel. Auch braucht natürlich nicht auf den Kärtchen notiert zu werden, ob die Zahlen behalten worden sind oder nicht. Den Fehlerquotienten sollte man allerdings dokumentieren. Eine Berechnung der Rechengeschwindigkeit ist hier jedoch nicht besonders sinnvoll.

18 Textaufgaben

Die Zahlen, das Zählen, das
Rechnen und die verschiedenen
Rechenmethoden sind im Laufe
der Jahrtausende von den Menschen
erfunden und entwickelt worden, weil
sie für das tägliche Leben gebraucht wurden. Wenn ein Bauer sieben Schafe im Stall
und fünf auf der Weide hat und sich fragt,
wie viele Schafe er besitzt, muss er eine
Vorstellung davon haben, was die Anzahl
5, 7 und 12 bedeutet. Er sollte zählen und
addieren können. Wenn er nun die zwölf Schafe gerecht an
seine drei Söhne vererben will, muss er auch dividieren können. Und wenn er auf seinem Acker fünfzig Reihen mit je
hundert Rüben gepflanzt hat und er wissen will, wie viele Rüben er ernten kann, muss er multiplizieren können.

Von wenigen Ausnahmen abgesehen, wurden alle mathematischen Theorien und Verfahren ausschließlich entwickelt, um
sie für praktische Anwendungen nutzen zu können. Der
natürliche Weg zur Mathematik verläuft also vom praktischen
Problem zum mathematischen Verfahren. Das heißt, zuerst
gibt es ein Problem, anschließend entwickelt man eine Methode, mit der es sich lösen lässt.

In der Schule wird meistens der umgekehrte Weg beschritten.
Zuerst werden Rechenverfahren gelehrt und immer und
immer wieder mit rein abstrakten Zahlen eingeübt. Schließlich glauben sehr viele Kinder, dass Zahlen und Rechnen nur
Selbstzweck sind und nichts mit der wirklichen Welt außer-

halb des Mathematikunterrichts zu tun haben. Das geht so weit, dass eine Aufgabe im Mathematikunterricht von den Schülern gelöst werden kann, aber ihnen genau dieselbe Aufgabe nur wenig später in einem anderen Zusammenhang unlösbar erscheint.

Die folgende Geschichte ist tatsächlich an einer Grundschule passiert. Im Mathematikunterricht wurde den Kindern diese Aufgabe gestellt: Westdeutschland hat zehn und Ostdeutschland sechs Bundesländer. Wie viele Bundesländer hat Deutschland insgesamt? Die Aufgabe wurde von allen Kindern ohne Hilfe richtig gelöst. In der nächsten Stunde war Erdkundeunterricht. Derselbe Lehrer erzählte den Kindern, dass Westdeutschland zehn und Ostdeutschland sechs Bundesländer hat. Sie sollten ihm nun sagen, wie viele Bundesländer ganz Deutschland hat. Ungefähr ein Drittel aller Kinder wussten nicht, wie sie das in Erfahrung bringen konnten, und blätterten hilflos im Erdkundebuch herum. Als der Lehrer dann sagte, sie müssten doch nur die beiden Zahlen addieren, erwiderten sie empört: »Sie haben uns aber nicht gesagt, dass das eine Rechenaufgabe ist!« Diese Anekdote spricht Bände.

Mit Worten rechnen – wer soll das verstehen?

Natürlich gibt es im Mathematikunterricht und in den Mathematikbüchern auch Anwendungen der Rechenregeln auf praktische Probleme. Dies sind die sogenannten Sach- oder Textaufgaben. Die meisten Kinder empfinden sie als besonders schwierig und halten an diesem Urteil während der gesamten Schulzeit und selbst noch im Studium fest. Der Übergang vom rein abstrakten Rechnen zu Textaufgaben wirkt für viele Kinder zwanghaft und konstruiert.

Damit Mathematik nicht nur für den Schulunterricht und die nächste Klassenarbeit gelernt und nach Abschluss der Schule als völlig lebensfremd und nutzlos zu den Akten gelegt wird, sollten die Kinder möglichst frühzeitig Textaufgaben bearbeiten. Es wäre optimal, von vornherein den Weg von einem praktischen Problem aus dem Umfeld der Kinder zur mathematischen Lösung zu gehen. Doch das ist bei dem derzeitigen Mathematikunterricht nicht möglich.

Warum fallen Kindern die Textaufgaben eigentlich so schwer? Die erste Hürde, die die Kinder nehmen müssen, ist, den Text überhaupt zu verstehen. Spätestens im zweiten Schuljahr können alle Kinder lesen. Das bedeutet aber nur, dass sie die gedruckten Buchstaben in gesprochene Wörter umsetzen können. Viele Kinder sind bei diesem Lesen schon so stark gefordert, dass sie nicht auch noch gleichzeitig den gelesenen Text begreifen können. Selbst wenn sie einen kurzen Text fünf Mal nacheinander fehlerfrei vorgelesen haben, wissen einige immer noch nicht, was darin steht.

Wenn die Kinder schließlich die erste Hürde überwunden haben, stehen sie vor der zweiten: Welche Größen sind gegeben, und welche werden gesucht? An dieser vermeintlich banalen Frage ist schon mancher Schüler und manche Schülerin gescheitert.

Die dritte Hürde ist nicht minder hoch. Einer gewöhnlichen Rechenaufgabe sieht man meistens sofort an, welches Verfahren man benutzen muss. Oft steht es sogar noch über dem Problem. So könnte eine Aufgabe beispielsweise lauten: »Addiere schriftlich: 17 + 62 = …, 93 + 12 = … « Bei den Textaufgaben ist dies anders: Das Kind weiß nicht von vornherein, ob es subtrahieren oder multiplizieren muss, und wenn es subtrahieren muss, welche Zahl dann von welcher abzuziehen ist. Und wenn es endlich auch dies richtig gemacht hat, dann muss es noch erkennen, was das Ergebnis bedeutet.

Nicht selten überwinden Schüler keine einzige dieser drei Hürden. Bestenfalls denken sie über die Aufgabe nach, ohne auf eine Idee zu kommen, wie man sie lösen kann. Noch schlimmer aber ist es, wenn die Kinder sich alle Zahlen, die in der Aufgabe vorkommen, heraussuchen, sie in ein x-beliebiges Verfahren einsetzen und damit ein Ergebnis produzieren, selbst wenn es völlig unsinnig ist.

Beispielsweise soll Alexander folgende Aufgabe lösen: »Hannah jätet beim Nachbarn Unkraut, um ihr Taschengeld aufzubessern. Sie bekommt 4 Euro pro Tag und arbeitet 3 Tage. Wie viel Geld verdient sie?« Alexander hat keine Ahnung, wie er das Problem angehen kann. Doch er entdeckt in dem Text die beiden Zahlen 4 und 3. Da er weiß, dass man bei Mathematikaufgaben rechnen muss, zählt er die beiden Zahlen zusammen und bekommt so das falsche Ergebnis »7«.

Textaufgaben richtig bearbeiten

Alle Rechenaufgaben und mathematischen Probleme, die außerhalb der Schule in Freizeit und Beruf gelöst werden müssen, sind Sachaufgaben. Wenn ein Kind also Mathematik nicht nur lernen soll, um die Klassenarbeiten zu bestehen, sondern um sie außerhalb der Schule anzuwenden, muss es lernen, wie man Sachaufgaben löst.

Bei Sachaufgaben sollte es also in erster Linie nicht um ein Üben von Rechenverfahren wie der schriftlichen Addition oder Multiplikation gehen. Wichtiger ist es zu trainieren, die drei Hürden zu überwinden: Zunächst den Text zu begreifen, dann zu erkennen, welche Größen gegeben und gesucht sind, und schließlich ein passendes Rechenverfahren auszuwählen und das damit ermittelte Ergebnis richtig zu interpretieren.

Darum sollten Sie Textaufgaben mit Ihrem Kind in folgenden Schritten bearbeiten:

1. Ihr Kind liest sich die Aufgabe gründlich durch, wenn es möchte, auch mehrfach.
2. Sie lassen sich von ihm in seinen eigenen Worten die Aufgabe nacherzählen.

3. Falls es den Inhalt des Textes nicht richtig wiedergibt, fragen Sie an einzelnen Punkten nach. Vielleicht hat Ihr Kind den Text richtig verstanden und nur einen Gesichtspunkt vergessen oder fehlerhaft wiedergegeben.
4. Sollten Sie jedoch merken, dass Ihr Kind den Text nicht richtig verstanden hat, lassen Sie es die Aufgabe noch einmal lesen und erzählen.
5. Wenn es dann noch immer nicht klappt, so unterhalten Sie sich mit Ihrem Kind über die Aufgabe.

Anschließend sollte ihr Kind allein herausbekommen, welche Größen vorgegeben und welche gefragt sind. Gibt es vielleicht auch überflüssige Größen, oder fehlen welche, so dass die Aufgabe unlösbar wird?

Sie sollten Ihrem Kind auch manchmal die Aufgaben so stellen, dass Sie ihm zwar den Aufgabentext vorlesen, aber die eigentliche Frage fortlassen. Dann bitten Sie es, doch einmal zu überlegen, was man alles mit den Angaben aus der Aufgabe machen kann und was sich damit berechnen lässt.

Nun erst soll es sich für ein Rechenverfahren entscheiden. Lassen Sie Ihr Kind begründen, warum es genau dieses Verfahren und nicht ein anderes nimmt. Falls es sich für einen falschen Lösungsweg entscheidet, verraten Sie es ihm zunächst einmal nicht, sondern warten Sie seine Argumentation ab. Erst dann sagen Sie ihm, dass die Methode falsch ist und, vor allen Dingen, auch warum.

Erst wenn sich Ihr Kind für das richtige Verfahren entschieden hat, kann es die Rechnung durchführen. Lassen Sie sich von ihm erklären, was das Ergebnis bedeutet.

Ein Beispiel:

Die Mutter gibt dem Kind ein Blatt Papier, auf dem folgende Aufgabe steht: »Jan bessert sein Taschengeld auf und arbeitet als Zeitungsbote. Für jede abgelieferte Zeitung bekommt er 15 Cent. Er hat 93 Zeitungen. Wie viel Geld verdient Jan?«

Julian liest sich die Aufgabe zwei Mal durch und sagt dann: »Jan möchte mehr Taschengeld haben, darum verteilt er Zeitungen. Er hat 93 Zeitungen. Wie viel
Geld bekommt er?«
Mutter: »Wofür bekommt er denn
das Geld?«
Julian: »Für die Zeitungen.«
Mutter: »Sind es denn seine
Zeitungen?«
Julian: »Nein. Er verteilt sie nur.«
Mutter: »Und wofür bekommt er das
Geld?«
Julian: »Dafür, dass er die Zeitungen ver-
teilt.« Julian schaut noch einmal die Aufgabe
an und sagt dann: »15 Cent für jede.«
Mutter: »Was ist denn gefragt?«
Julian: »Wie viel Geld verdient Jan?«
Mutter: »Und was weißt du?«
Jan: »Ich weiß, wie viele Zeitungen Jan hat und wie viel er für jede Zeitung bekommt.«
Mutter: »Was musst du machen, damit du herausbekommst, wie viel Jan verdient?«
Jan: »Ich muss 93 mal 15 rechnen.«
Mutter: »Richtig.«
Julian rechnet nun auf einem Blatt Papier die Multiplikation aus. Als er fertig ist, sagt er: »1395.«
Mutter: »Was bedeutet 1395?«
Julian: »So viel hat Jan verdient.«
Mutter: »Jan hat also 1395 verdient?«
Julian: »Jan hat 1395 Cent verdient. Das sind 13 Euro und 95 Cent.«
So oder ähnlich könnte die Übung einer Textaufgabe ablaufen. Sie sehen, die eigentliche Rechnung ist nur ein ganz kleiner Teil der Übung.

Aufgaben für das erste Schuljahr

1. Anne hat drei Murmeln, Christina hat fünf Murmeln, und Julia hat zwei Murmeln. Anna ist sieben Jahre alt. Wie viele Murmeln haben die drei Mädchen zusammen?

2. Papa isst morgens drei Brötchen, Mama zwei, Julius auch zwei und Marie nur eins. Ein Brötchen kostet 20 Cent. Wie viele Brötchen muss Marie jeden Morgen beim Bäcker kaufen?

3. Susanne hat achtzehn Schokoriegel. Sie gibt ihrer Freundin Stella fünf davon ab. Wie viele Schokoriegel hat sie dann noch?

4. Max ist acht Jahre alt geworden und bekommt zum Geburtstag von seinen Großeltern sieben Euro und von seinem Patenonkel sechs Euro. Wie viel Geld hat er geschenkt bekommen?

5. Eine Fußballmannschaft besteht aus elf Spielern. Wenn drei Spieler eine rote Karte bekommen haben und deshalb vom Platz gehen müssen, wie viele Spieler dieser Mannschaft sind dann noch auf dem Feld und dürfen weiterspielen?

6. Wie viele Augen hat ein Würfel insgesamt?

7. In der Besteckschublade in der Küche liegen sechs Messer, vier Gabeln und fünf Löffel. Wie viele Teile sind das insgesamt?

8. Michael hat sechs Euro in seinem Sparschwein und drei Euro in seinem Nachttisch. Moritz hat nur vier Euro in seinem Sparschwein, aber auch vier Euro in seiner Hosentasche. Michael ist zwei Jahre älter als Moritz. Wer ist reicher?

9. Daniel hat zwanzig Sammelbilder. Er schenkt Jan fünf davon und David drei. Wie viele bleiben ihm dann für sein Sammelalbum übrig?

10. Lukas hat neun Buntstifte, und Markus hat vierzehn

Buntstifte. Markus gibt Lukas drei Buntstifte ab. Wer hat danach mehr Buntstifte?

11. Im Obstkorb in der Küche liegen fünfzehn Äpfel, dreizehn Birnen und acht Pflaumen. Vater isst davon drei Äpfel, Mutter zwei Äpfel, und einen Apfel nimmt Tobias mit zur Schule. Wie viele Äpfel für den Apfelkuchen sind nun noch in dem Korb?

12. Inga steigt morgens als Erste in den Schulbus. Gleichzeitig mit ihr steigt Franz ein. An der nächsten Haltestelle steigen sieben Kinder ein und an der übernächsten fünf Kinder. Wie viele Kinder sind jetzt im Bus und fahren zusammen in die Schule?

13. Jan hat 13 Euro in seinem Sparschwein, und er bekommt einen Euro Taschengeld pro Woche. Jan kauft sich fünf Tüten Kartoffelchips. Wie viel Geld hat er danach noch zur Verfügung?

14. Michaels Onkel und Tanten sind zu Besuch gekommen. Er hat schon 8 Euro in seinem Sparschwein. Onkel Gerd steckt noch 3 Euro in sein Schwein, Tante Silke 1 Euro, Onkel Hermann 2 Euro, Onkel Ludger 3 Euro und Tante Josefin 2 Euro. Wie viel Geld hat Michael nun in seinem Sparschwein?

15. Julia hat zehn Lutschstangen. Sie möchte ihren besten Freundinnen Inga, Jana, Helga und Marion jeweils drei Lutschstangen schenken. Reichen die Lutschstangen dafür aus?

16. Peter sammelt Bierdeckel. Er hat schon zwanzig Stück. Er gibt Paul sechs eckige Deckel und bekommt dafür vier runde. Wie viele Bierdeckel hat er jetzt insgesamt in seiner Sammlung?

17. Das Haus der Familie Becker hat vorne fünf Fenster und eine Tür, hinten vier Fenster und eine Tür, auf beiden Seiten je drei Fenster, und es hat ein Dachfenster. Wie viele Fenster hat es insgesamt?

18. Anna Meier hat drei Geschwister, Markus Becker hat zwei Geschwister, und Julian Müller hat einen Bruder. Wie viele Kinder haben die Familien Meier, Becker und Müller zusammen?

19. Tim hat achtzehn Fußballbilder, sein Freund Tom nur vierzehn. Wie viele Bilder muss Tim an Tom abgeben, damit beide gleich viele haben?

20. Herr Schlaumeier ist Busfahrer. An seiner ersten Station steigen zehn Leute ein, an der nächsten steigen fünf aus und zwei ein, an der übernächsten vier ein und drei aus und an der letzten alle aus. Wie viele Fahrgäste sind nun noch im Bus?

Aufgaben für das zweite Schuljahr

1. Ein Schachbrett hat acht Reihen und in jeder Reihe acht Felder. Und es ist einen halben Zentimeter dick. Aus wie vielen Feldern besteht ein Schachbrett?

2. Zu einem Schachspiel gehören zwei Könige, zwei Damen, vier Läufer, vier Springer, vier Türme und sechzehn Bauern. Wie viele Figuren gehören insgesamt zu einem Schachspiel?

3. Eine Tafel Schokolade kostet 98 Cent und besteht aus acht Riegeln. Jeder Riegel besteht aus vier Stücken. Wie viele Stücke Schokolade hat eine Tafel?

4. Jan braucht eine Stunde, um vier Kilometer weit zu gehen. Wie viele Kilometer schafft er in vier Stunden?

5. Zwei Mütter mit Kinderwagen begegnen sich. »Meine Anna ist sieben Wochen alt«, sagt die eine Mutter. »Und mein Tobias ist 50 Tage alt«, erwidert die andere Mutter. Welches Kind ist älter?

6. Inga hat neun 2-Cent-Münzen und Christina vier 5-Cent-Münzen. Wer hat mehr Geld?

7. Karolines Bilderbuch hat acht Seiten, und auf jeder Seite

stehen sechs Bilder. Wie viele Bilder sind insgesamt in dem Buch?

8. Christina hat beim Mensch-ärgere-dich-nicht-Spiel fünf-mal nacheinander eine Sechs gewürfelt und dann noch eine Drei. Wie viele Augen hat sie insgesamt gewürfelt?

9. Es gibt Münzen zu einem Cent, zwei Cent, fünf Cent, zehn Cent, zwanzig Cent, fünfzig Cent, einem Euro und zwei Euro. Welchen Wert haben diese acht Münzen zu-sammen?

10. Der Monat August hat 31 Tage. Wie viele Wochen und Tage sind das?

11. Herr Meier kauft für seine neun Firmenwagen neue Rei-fen. Wie viele muss er bestellen?

12. Wenn die Milchzähne ausgefallen sind, bekommt man acht Schneidezähne, vier Eckzähne und zwanzig Backen-zähne. Wie viele Zähne sind dies zusammen?

13. Anna geht für ihre Mutter auf den Markt. Sie kauft drei Eier, zwei Bund Möhren, acht Bananen und zwölf Äpfel. Sie bezahlt mit einem 10-Euro-Schein. Wie viel Geld erhält sie zurück?

14. Lisa bekommt Besuch von ihren fünf Freundinnen. Die Mutter stellt eine Schale mit 42 Keksen auf den Tisch. Wie viele Kekse kann jedes Mädchen essen, bis die Schale leer ist?

15. Das Bilderbuch von Annas kleinem Bruder hat neun Blät-ter. Wie viele Seiten hat es?

16. Beim Mensch-ärgere-dich-nicht-Spiel können sechs Kin-der mitspielen, und jedes hat vier Spielsteine. Wie viele Spielsteine werden benötigt?

17. Matthias hat einen Brief an seine Oma geschrieben. Das Briefporto beträgt 56 Cent. Er hat aber nur eine Marke zu 51 Cent. Matthias kauft deshalb auf dem Postamt noch eine zweite Marke dazu. Welchen Wert muss diese Marke haben?

18. In Mutters Obstschalen liegen dreizehn Äpfel, elf Birnen und vier Bananen. Wie viele Früchte sind das?
19. Annika hat 29 Kekse von ihrer Mutter bekommen. Dreizehn davon isst sie auf, und den Rest gibt sie ihrem Hund Bernhard. Wie viele Kekse bekommt Bernhard?
20. Onkel David lädt Hannah und Lisa ins Eiscafé ein. Jeder der drei bestellt sich ein Eis mit vier Kugeln. Jede Kugel kostet 50 Cent. Wie viel muss Onkel David für das Eis bezahlen?

Aufgaben für das dritte Schuljahr

1. Frau Müller hat 150 Euro. Sie kauft sich einen Pullover für 22 Euro, eine Hose für 47 Euro und eine Jacke für 77 Euro. Dann entdeckt sie noch einen hübschen Schal, der 6 Euro kostet. Reicht ihr Geld dafür aus, sich noch den Schal zu kaufen?
2. Enid Blyton hat fünfzehn Bücher der Geheimnisserie geschrieben, zweiundzwanzig Bücher der Fünf-Freunde-Serie und acht Bücher der Abenteuerserie. Wie viele Bücher haben diese drei Serien zusammen?
3. Gernot hat auf seinem Sparbuch 985,24 Euro. Am Mittwoch hebt er 322,00 Euro für eine neue Musikanlage ab und am Freitag 34,25 Euro für einige CDs aus der neuen Hitliste. Wie viel Geld hat er dann noch auf seinem Sparbuch?
4. Deutschland hat vier Millionenstädte: Berlin mit 3 410 000 Einwohnern, Hamburg mit 1 567 000 Einwohnern, München mit 1 270 000 Einwohnern und Köln mit 1 005 000 Einwohnern. Wie viele Einwohner haben diese vier Städte zusammen?
5. Heinrich ist 1955 geboren. Als er 34 Jahre alt war, kam seine Tochter Christina zur Welt. Wie alt wurde Christina im Jahre 2002?

6. Im Tante-Emma-Laden an der Ecke kostet ein Fruchtbonbon 2 Cent, ein Lutscher 5 Cent und eine Lakritzschnecke 7 Cent. Jens kauft sich neun Fruchtbonbons, sieben Lutscher und sechs Lakritzschnecken. Er bezahlt mit einem Euro. Wie viel Geld bekommt er von der Frau an der Kasse zurück?

7. Gärtner Blume pflanzt sieben Reihen mit je sieben Birnbäumen. Pro Baum braucht er zwanzig Minuten. Wie viele Bäume pflanzt er?

8. Kai bekommt ein neues Schlafzimmer. Das Bett kostet 189 Euro, der Schrank 123 Euro und der Nachttisch 72 Euro. Seine Eltern bezahlen davon 350 Euro. Wie viel muss Kai selbst bezahlen?

9. Mit den fünf Ziffern 1, 2, 3, 4 und 5 kann man sehr viele verschiedene fünfstellige Zahlen bilden. Wie viel ist die größte dieser Zahlen größer als die kleinste?

10. Die beiden bevölkerungsreichsten Bundesländer Deutschlands sind Nordrhein-Westfalen mit 17 948 000 Einwohnern und Bayern 12 044 000 mit Einwohnern. Um wie viele Menschen leben in Nordrhein-Westfalen mehr als in Bayern?

11. Jan kauft im Supermarkt für seine Geburtstagsfeier fünf Beutel Müsliriegel. In jedem Beutel sind neun Riegel. Außerdem kauft er acht Paletten Schokoladeneier. Auf jeder Palette sind acht Eier. Er kauft auch noch drei Streifen mit Lutschstangen. In jedem Streifen sind zehn Lutscher. Er muss dafür 12,36 Euro bezahlen. Wie viele Süßigkeiten hat er?

12. Die Monate Januar, März, Mai, Juli, August, Oktober und Dezember haben je 31 Tage, die Monate April, Juni, September und November haben je 30 Tage. Die Februar ist in gewöhnlichen Jahren 28 Tage und in Schaltjahren 29 Tage lang. Wie viele Tage hat ein gewöhnliches Jahr und wie viele ein Schaltjahr?

13. Skat wird von drei Spielern mit 32 Karten gespielt. Zwei Karten kommen in den Skat, die anderen werden zu gleichen Teilen an die drei Spieler verteilt. Wie viele Karten erhält jeder Spieler?

14. Bauer Braun notiert täglich, wie viel Milch seine Kühe geben. Die Kuh Rita gab am Montag 29 Liter Milch, am Dienstag 32 Liter, am Mittwoch 28 Liter, am Donnerstag 30 Liter, am Freitag 31 Liter, am Samstag 32 Liter und am Sonntag 28 Liter. Wie viel Milch hat Rita in der ganzen Woche gegeben?

15. Anna ist krank. Am Montag hat sie 39 Grad Fieber, am Dienstag 38 Grad und am Mittwoch wieder 39 Grad. Wie hoch ist das Fieber am Donnerstag?

16. Bäckermeister Semmel hat bislang am Tag tausend Brötchen für 30 Cent pro Stück verkauft. Nun erhöht er den Preis um 2 Cent je Brötchen. Wie viel Geld verdient er jetzt täglich mehr, wenn er immer noch tausend Brötchen verkauft?

17. Skat wird mit 32 Karten gespielt: je vier Asse, Siebenen, Achten, Neunen, Zehnen, Buben, Damen und Könige. Die Asse haben jeweils einen Wert von 11 Augen, die Siebenen, Achten und Neunen von 0 Augen, die Zehnen von 10, die Buben von 2, die Damen von 3 und die Könige von 4 Augen. Wie viele Augen sind alle 32 Karten zusammen wert?

18. Wie oft dreht sich der Minutenzeiger einer Uhr in einer Woche im Kreis?

19. Ralf hat dem Nachbarn beim Äpfelpflücken geholfen und zur Belohnung einen Korb mit Äpfeln bekommen. Auf dem Heimweg trifft er seinen Freund Bernd und gibt ihm die Hälfte seiner Äpfel ab. Dann begegnet ihm auch noch Franz, dem er die Hälfte der Äpfel gibt, die er jetzt noch im Korb hat. Zu Hause angekommen, teilt er die Äpfel in seinem Korb auch noch mit seiner Schwester Anna. Und

als sein Hund Waldi ihn bellend begrüßt, teilt er noch einmal die Äpfel. Schließlich behält er nur einen einzigen Apfel für sich übrig. Wie viele Äpfel waren im Korb, als Ralf ihn vom Nachbarn bekommen hat?

20. Anne, Ina und Meike fahren mit der Bahn nach Berlin. Der Weg ist 321 Kilometer lang, und sie fahren um sechs Uhr morgens ab. Wie viel muss jedes Mädchen für die Bahnfahrt bezahlen?

Aufgaben für das vierte Schuljahr

1. Sebastian ist zehn Jahre alt und bekommt von seinen Eltern 20 Cent Taschengeld pro Tag. Wie viel Geld erhält er in vier Wochen?

2. Herr Ärmel fotografiert gerne. Er hat deshalb 7 Filme mit 36 Bildern, 9 Filme mit 24 Bildern und 13 Filme mit 12 Bildern gekauft. Wie viele Fotos kann er insgesamt damit machen?

3. In einem Streichholzschachtelpäckchen sind zehn Streichholzschachteln und in jeder Schachtel 38 Streichhölzer. Wie viele Streichhölzer sind in einem Päckchen?

4. Herr Meier verdient 2 500 Euro pro Monat. Wie viel verdient er pro Jahr?

5. Wie viele Sekunden hat ein Tag?

6. Jim Knopf und Lukas der Lokomotivführer brauchen für die Reise von Lummerland nach China vier Wochen und drei Tage. Sie legen pro Tag 47 Kilometer zurück. Wie weit ist es von Lummerland bis nach China?

7. Legosteine sind neun Millimeter dick, Duplosteine sind achtzehn Millimeter dick. Anna hat eine Turm gebaut, der 39 Legosteine hoch ist. Ihr kleiner Bruder Michael hat einen Turm aus Duplosteinen gebaut. Er ist 20 Duplosteine hoch. Welcher Turm ist höher?

8. Anna, Christina und Matthias haben von ihrem Onkel zu-

sammen 4 Euro und 23 Cent bekommen. Wie viel Cent bekommt jedes Kind?

9. Die Regentonne im Garten ist durchgerostet und hat ein Loch im Boden. Der Wasserstand sinkt dadurch jede Stunde um sieben Zentimeter. Die Tonne ist einen Meter hoch und hat einen Durchmesser von 50 Zentimetern. Nach wie vielen Stunden ist das ganze Wasser aus der Tonne gelaufen, wenn der Wasserstand zu Anfang 98 Zentimeter betrug?

10. Die Lehrerin hat Geburtstag. Sie hat ihrer Klasse deshalb fünf Beutel mit Lakritzdrops mitgebracht. In jedem Beutel sind 65 Drops. Die Klasse hat 25 Kinder. Wie viele Drops bekommt jedes Kind?

11. Die Mutter hat eine Packung mit 67 Keksen gekauft. Sie verteilt sie nach dem Abendbrot. Jan, Julia, Matthias, Vater und Mutter bekommen gleich viele Kekse. Die übrig gebliebenen Kekse gibt sie dem Hund Waldi. Die Packung hat 1,50 Euro gekostet. Wie viele Kekse bekommt Waldi?

12. Ein Schaltjahr hat 366 Tage. Wie viele Wochen und Tage hat es?

13. Anna und Lisa bauen Türme aus Legosteinen. Gewöhnliche Legosteine sind neun Millimeter dick. Wie viele Steine muss man aufeinanderstecken, um einen Turm von 855 Millimetern Höhe zu bauen?

14. Hannes verschickt an seine Freunde dreizehn Einladungskarten zu seinem Geburtstagsfest. Eine Karte kostet 20 Cent, und er muss auf jede Karte eine Briefmarke zu 51 Cent kleben. Was kosten alle Karten und Briefmarken zusammen?

15. Marie hat von ihrer Mutter fünf Euro bekommen und soll dafür beim Bäcker Brötchen kaufen. Ein Brötchen kostet 27 Cent. Wie viele Brötchen sind in der Tüte, die sie von der Bäckereiverkäuferin bekommt?

16. Mauermeister Mörtel soll im neuen Haus der Familie Krause eine Treppe vom Erdgeschoss ins Obergeschoss bauen. Das Obergeschoss liegt 306 Zentimeter über dem Erdgeschoss. Jede Stufe soll eine Höhe von siebzehn Zentimetern haben. Wie viele Stufen muss der Meister insgesamt für die Treppe bauen?

17. In Frensdorf gibt es sieben Schäfer. Und jeder Schäfer hat sieben Hunde. Und jeder Hund hat sieben Flöhe. Und jeder Floh hat sechs Beine. Wie viele Flohbeine gibt es auf den Frensdorfer Schäferhunden?

18. Die Spülmaschine von Familie Schneider ist defekt, und der Kundendienst muss kommen. Der Monteur braucht zwei Stunden für die Reparatur. Für die Fahrt berechnet er 35 Euro, für jede Arbeitsstunde 45 Euro und für die Ersatzteile 22 Euro. Wie teuer ist die Reparatur der Spülmaschine?

19. Der Tiefseeforscher Auguste Piccard tauchte 1953 mit seinem Tauchschiff 3 150 Meter tief in den Ozean hinunter. Sein Sohn Jacques erreichte 1960 eine Tiefe von 11 000 Meter unter der Wasseroberfläche. Wie viele Meter kam Jacques tiefer als sein Vater?

20. Acht Kinder rennen um die Wette durch den Stadtpark. Welches Kind ist das schnellste, zweitschnellste, drittschnellste usw.?

    Hannah braucht für die Strecke 4 Minuten und 27 Sekunden.

    Gundula ist insgesamt 17 Sekunden länger unterwegs als Hannah.

    Eva braucht 4 Minuten und 58 Sekunden.

    Richard ist 23 Sekunden schneller gelaufen als Eva.

    Marie braucht 10 Sekunden weniger als Richard.

    Jan ist 287 Sekunden unterwegs.

    Elke braucht 12 Sekunden mehr als Hannah.

    Ansgar braucht 5 Minuten und 3 Sekunden.

19 Übungen

Ein Kind lernt rechnen nicht alleine dadurch, dass es nur versucht, die Prinzipien der einzelnen Rechenverfahren zu verstehen. Es muss die Rechenverfahren auch trainieren, indem es viele Aufgaben löst. Deshalb finden Sie in den nächsten beiden Kapiteln zahlreiche Aufgaben, mit denen Ihr Kind üben kann.

Die Übungseinheiten sollten auf keinen Fall zu lang sein, sonst können sie für Ihr Kind schnell zur Quälerei werden. Für Erst- und Zweitklässler sind etwa fünfzehn bis zwanzig Minuten das richtige Maß. Dritt- und Viertklässlern darf man getrost schon zwanzig bis fünfundzwanzig Minuten zumuten.

Vor jeder Übung sollten die Eltern mit dem Kind vereinbaren, was in der Übungseinheit gelernt werden soll. Es geht dabei vorrangig um das Erkennen von Schwierigkeiten und Fehlern, nicht primär um ein richtiges Endergebnis.

Bitten Sie Ihr Kind, die Aufgabe in eigenen Worten zu wiederholen. So können Sie erkennen, ob Ihr Kind überhaupt verstanden hat, was es machen soll.

Das Kind soll beim Bearbeiten der Aufgabe laut denken. So können Sie relativ gut erkennen, welche systematischen Fehler Ihr Kind macht.

Nehmen Sie nicht immer nur Aufgaben eines Typs in eine Übungseinheit, sondern mischen Sie verschiedene Aufgabenarten. So ist eine Schematisierung nicht ohne weiteres möglich. Gerade rechenschwache Kinder neigen nämlich dazu, Rechenverfahren für Rezepte zu halten, die man auswendig lernt und dann anwendet.

Mischen Sie die Aufgaben nicht, kann Folgendes passieren: Ein rechenschwaches Kind hat bei der Aufgabe 665 – 20 erkannt – eventuell sogar nur mit Hilfe der Eltern –, dass es die Lösung erhält, indem es die erste und letzte Ziffer der ersten Zahl hinschreibt und dazwischen die Ziffer setzt, die es dadurch bekommt, dass es von der mittleren Ziffer der ersten Zahl die erste Ziffer der zweiten Zahl abzieht. Nun wird es das Aufgabenpäckchen

$$665 - 20 =$$
$$229 - 10 =$$
$$780 - 60 =$$
$$451 - 30 =$$

so bearbeiten, dass es zunächst einmal alle ersten und letzten Ziffern der Lösungen schreibt.

$$665 - 20 = 6\ 5$$
$$229 - 10 = 2\ 9$$
$$780 - 60 = 7\ 0$$
$$451 - 30 = 4\ 1$$

Danach erst rechnet das Kind alle mittleren Ziffern aus und fügt sie in die Lösungen ein.

$$665 - 20 = 645$$
$$229 - 10 = 219$$
$$780 - 60 = 720$$
$$451 - 30 = 421$$

Vermeiden Sie in Ihren Erklärungen alle Eselsbrücken. Sie fördern bei rechenschwachen Kindern nur ein falsche Verständnis der Mathematik. Unbegriffene Eselsbrücken werden von diesen Kindern schnell auf andere Aufgaben übertragen, für die sie nicht gültig sind.

Sagen Sie Ihrem Kind nicht: »Die Aufgabe hast du falsch gerechnet. Richtig geht es so … «, sondern erklären Sie ihm: »An dieser Stelle hast du falsch gerechnet, weil … « Der Weg ist entscheidend, nicht das Endergebnis.

Sie sollten sich während der Übung neutral verhalten, so dass Ihr Kind nicht an Ihrem Gesichtsausdruck erkennen kann, ob der eingeschlagene Lösungsweg richtig oder falsch ist. Ansonsten kann Ihr Kind Verständnis vortäuschen, ohne dass Sie es merken.

Nach jeder Übung fordern Sie Ihr Kind auf, Ihnen mit eigenen Worten zu wiederholen, was es in der Einheit gelernt hat und welche Fehler es gemacht hat.

Auch bei diesen Übungen ist es wichtig, dass Ihr Kind den Erfolg seiner Bemühungen sieht. Es muss immer deutlich vor Augen haben, dass es von Übungseinheit zu Übungseinheit besser wird. In der Regel ist dies Ansporn und Belohnung genug, um die Übungen über einen längeren Zeitraum durchzuhalten.

Wie kann man den Lernerfolg sichtbar machen? Am einfachsten geht dies wieder mit dem Erfolgsquotienten (→ Kapitel 16). Allerdings wird er diesmal etwas anders berechnet.

Nicht nur das Ergebnis ist wichtig

Da es bei dem Üben nicht in erster Linie darum geht, richtige Endergebnisse zu produzieren, sondern Rechenverfahren mit unter Umständen vielen Teilschritten zu trainieren, sollte nicht nur das Endergebnis bewertet werden. Und unabhängig von einem falschen Endergebnis kann eine Aufgabe teilweise richtig sein.

Ein Beispiel:
Ihr Kind soll die Aufgabe 17 · 43 lösen. Seine Rechnung sieht aus wie im Folgenden dargestellt.

$$17 \cdot 43$$
$$\underline{68}$$
$$\underline{51}$$
$$631$$

Man sieht der Rechnung an, dass Ihr Kind das Verfahren verstanden hat. Das erste Teilprodukt ist richtig berechnet und an die richtige Stelle geschrieben worden. Auch das zweite Teilprodukt ist korrekt und an die richtige Stelle geschrieben worden. Ihr Kind weiß ebenfalls, dass die beiden Teilprodukte anschließend addiert werden müssen, und ihm ist auch durchaus klar, wie sie addiert werden müssen. Es berechnet auch die beiden ersten Teiladditionen richtig, aber bei der dritten tritt dann leider ein altbekannter systematischer Fehler auf: Es berücksichtigt nicht den Übertrag aus der vorherigen Spalte. Man kann also durchaus sagen, dass Ihr Kind die Aufgabe zum größten Teil – sagen wir einmal zu neunzig Prozent – richtig gerechnet hat.

Der Fehler kann auch schon am Anfang der Rechnung auftreten, so dass danach kein einziger Rechenschritt mehr richtig ist, obwohl das Kind im Prinzip, außer diesem anfänglichen Fehler, alles andere korrekt gemacht hat.

Ein Beispiel soll dies verdeutlichen. Ihr Kind rechnet die Division 39 950 : 17 in folgender Weise:

$$39950 : 17 = 2114 \ \text{Rest } 12$$
$$\underline{38}$$
$$19$$
$$\underline{17}$$
$$25$$
$$\underline{17}$$
$$80$$
$$\underline{68}$$
$$12$$

Das Verfahren mit seinen vielen Teilschritten ist von dem Kind richtig angewendet worden. Allerdings hat es gleich die erste Multiplikation falsch berechnet: $2 \cdot 17$ ist nicht 38, sondern 34. Danach muss logischerweise der Rest der Rechnung falsch werden. Das Kind hat aber – natürlich mit diesem Fehler – den Rest dennoch völlig richtig berechnet. Und auch wenn das Ergebnis falsch ist, so wird man dennoch sagen können, dass das Kind die Aufgabe zum größten Teil richtig gerechnet hat.

Der Erfolgsquotient

Um nun einen Erfolgsquotienten bestimmen zu können, bekommt jede Aufgabe einen Wert von 10 Punkten. Hat das Kind die Aufgabe in allen Details richtig gerechnet und stimmt auch das Endergebnis, so erhält es für diese Aufgabe 10 Punkte. Im entgegengesetzten Fall ist alles falsch: Es wurde das falsche Rechenverfahren gewählt oder das richtige Verfahren völlig falsch angewandt, jeder Teilschritt wurde falsch berechnet und alle Teilergebnisse und das Endergebnis stimmen nicht. Dann bekommt das Kind für diese Aufgabe keinen Punkt. In allen anderen Fällen ist die Aufgabe teilweise richtig. Überlegen Sie sich also einen Schlüssel für jeden Aufgabentyp, der darüber Auskunft gibt, wie viele Punkte Ihr Kind für jeden richtigen Zwischenschritt bekommt. Natürlich sollten Sie ein einmal gewähltes Schema für einen Aufgabentyp konsequent über alle Übungseinheiten beibehalten. Ansonsten geht die Vergleichbarkeit der einzelnen Erfolgsquotienten verloren.
Wie kann so ein Punkteschlüssel aussehen? Für die schriftliche Multiplikation von zwei zweistelligen Zahlen könnte er folgende Form haben:

➤ Richtiges Verfahren ausgewählt: 2 Punkte
➤ Teilprodukte an die richtigen Positionen geschrieben: 1 Punkt

➤ Summe der Teilprodukte an die richtige Position geschrieben: 1 Punkt
➤ Erstes Teilprodukt richtig berechnet: 2 Punkte
➤ Zweites Teilprodukt richtig berechnet: 2 Punkte
➤ Teilprodukte richtig addiert: 2 Punkte

Den Erfolgsquotienten Ihres Kindes erhalten Sie, indem Sie alle Punkte sämtlicher Aufgaben, die Ihr Kind in der Übungseinheit gerechnet hat, zusammenzählen und das Ergebnis mit 10 multiplizieren. Anschließend wird dieser Wert noch durch die Anzahl der in der Übungseinheit gerechneten Aufgaben geteilt und das Ergebnis auf eine ganze Zahl gerundet. Dabei erhält man den Erfolgsquotienten in Prozent.
Ein Erfolgsquotient von 100 Prozent bedeutet, dass Ihr Kind in dieser Übungseinheit keinen einzigen Fehler gemacht hat. Ein Quotient von 0 Prozent bedeutet, dass es nichts richtig gemacht hat.

Ein Beispiel:
Ihr Kind hat in der Übungseinheit acht Aufgaben bearbeitet. Es hat dafür 3, 4, 2, 8, 6, 10, 10 und 9 Punkte bekommen. Der Erfolgsquotient beträgt somit $(3 + 4 + 2 + 8 + 6 + 10 + 10 + 9) \cdot 10 : 8 = 521 : 8 = 65$ Prozent.

Nun muss der Erfolgsquotient auch noch dokumentiert werden. Dazu nehmen Sie ein Erfolgsquotientendiagramm, wie Sie es auch schon im Kapitel 16 benutzt haben, tragen dort die einzelnen Erfolgsquotienten jeder Übungseinheit als kleine Punkte ein und verbinden sie dann mit dem Lineal. Dadurch entsteht eine durchgehende Linie, die den Erfolg sichtbar macht. Sie und Ihr Kind werden schnell feststellen, dass die Kurve von Übungseinheit zu Übungseinheit weiter ansteigt und nach einiger Zeit am oberen Rand, der 100-Prozent-Linie, angekommen ist.

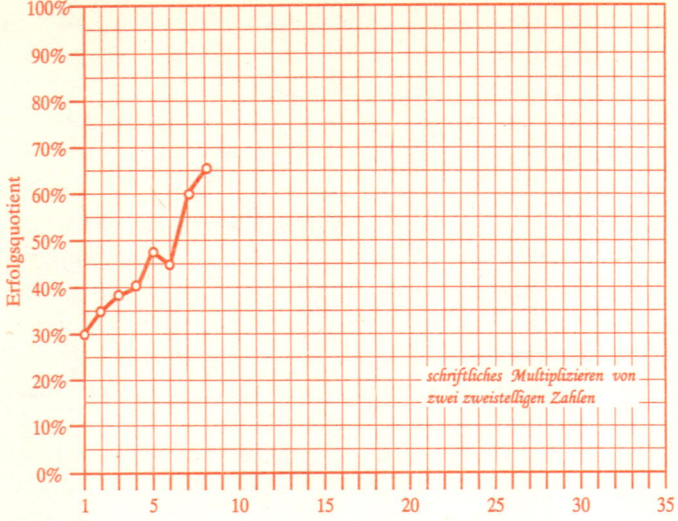

Sie sollten für jeden Aufgabentyp ein gesondertes Diagramm zeichnen. Sonst gibt es in der Erfolgskurve tiefe Einbrüche, wenn Sie den Aufgabentyp wechseln, was natürlich sehr entmutigend für Ihr Kind sein kann.

Natürlich sollten Sie auch nur für die Typen ein Diagramm zeichnen, von welchen Sie einen großen Vorrat an Aufgaben haben.

Die Rechengeschwindigkeit sollten Sie bei diesen Übungen nicht ermitteln und dokumentieren. Denn hier kommt es keineswegs darauf an, möglichst schnell zu rechnen, sondern es geht darum, möglichst richtig zu rechnen.

In den folgenden Abschnitten finden Sie zahlreiche Aufgaben, mit denen Ihr Kind üben kann. Sicherlich reichen sie aber nicht aus. Es ist jedoch nicht schwer, sich weitere Aufgaben gleichen Typs auszudenken und damit Ihrem Kind beliebig viel Übungsmaterial an die Hand zu geben. Selbstverständlich können Sie auch Aufgaben aus dem Mathematikbuch Ihres Kindes benutzen.

Übungen für das erste und zweite Schuljahr

Die Lösungen aller Aufgaben finden Sie im Anhang ab Seite 162.

1. Welche Rechenzeichen müssen in die Kästchen geschrieben werden?

5 ☐ 5	5 + 1 ☐ 4 + 3	9 – 6 ☐ 8 – 5
9 ☐ 1	6 + 3 ☐ 4 + 4	4 – 2 ☐ 7 – 3
4 ☐ 8	3 + 4 ☐ 2 + 5	3 – 1 ☐ 5 – 3
7 ☐ 9	5 + 4 ☐ 8 + 1	6 – 5 ☐ 9 – 7
8 ☐ 8	2 + 7 ☐ 5 + 3	7 – 2 ☐ 6 – 4
6 ☐ 2	3 + 2 ☐ 3 + 3	5 – 2 ☐ 5 – 3

2 + 4 ☐ 9 – 3	7 ☐ 5 = 2	7 ☐ 2 = 2 + 3
8 – 4 ☐ 1 + 3	9 ☐ 6 < 5	8 – 6 ☐ 4 + 3
6 – 2 ☐ 5 + 4	3 ☐ 5 = 8	5 + 1 > 6 ☐ 2
4 + 4 ☐ 9 – 1	6 ☐ 2 > 7	6 ☐ 3 < 4 + 4
6 + 3 ☐ 8 – 3	7 ☐ 3 < 5	2 + 3 ☐ 8 – 3
5 – 2 ☐ 3 + 4	4 ☐ 3 > 6	7 – 1 = 8 ☐ 2

2. Addition im Zahlenraum bis 10

1 + 5 =	4 + 4 =	5 + 3 =	3 + 5 =
3 + 7 =	5 + 1 =	7 + 2 =	4 + 2 =
5 + 2 =	3 + 6 =	1 + 8 =	5 + 5 =
2 + 6 =	1 + 2 =	9 + 1 =	8 + 2 =

3. Addition im Zahlenraum bis 20 *ohne* Zehnerübergang

18 + 1 =	10 + 10 =	4 + 6 =	4 + 5 =
5 + 4 =	17 + 2 =	6 + 11 =	3 + 17 =
13 + 2 =	11 + 3 =	16 + 3 =	6 + 12 =
16 + 4 =	4 + 15 =	7 + 11 =	5 + 14 =

4. Zahlenraum bis 20 *mit* Zehnerübergang

$8 + 3 =$	$5 + 6 =$	$9 + 2 =$	$4 + 9 =$
$9 + 4 =$	$7 + 8 =$	$6 + 11 =$	$3 + 17 =$
$3 + 9 =$	$9 + 9 =$	$8 + 3 =$	$6 + 9 =$
$8 + 8 =$	$7 + 2 =$	$9 + 4 =$	$5 + 12 =$

5. Subtraktion im Zahlenraum bis 10

$7 - 5 =$	$8 - 4 =$	$10 - 3 =$	$5 - 3 =$
$9 - 7 =$	$5 - 1 =$	$7 - 2 =$	$4 - 2 =$
$5 - 2 =$	$6 - 3 =$	$8 - 7 =$	$8 - 5 =$
$10 - 6 =$	$2 - 1 =$	$9 - 1 =$	$3 - 2 =$

6. Subtraktion Zahlenraum bis 20 *ohne* Zehnerübergang

$18 - 1 =$	$10 - 7 =$	$14 - 2 =$	$14 - 3 =$
$5 - 4 =$	$17 - 2 =$	$6 - 4 =$	$19 - 8 =$
$13 - 2 =$	$11 - 1 =$	$16 - 3 =$	$16 - 2 =$
$16 - 4 =$	$4 - 3 =$	$7 - 4 =$	$15 - 5 =$

7. Subtraktion Zahlenraum bis 20 *mit* Zehnerübergang

$18 - 9 =$	$15 - 6 =$	$11 - 2 =$	$14 - 8 =$
$14 - 6 =$	$17 - 8 =$	$16 - 5 =$	$13 - 5 =$
$13 - 5 =$	$12 - 9 =$	$15 - 7 =$	$16 - 9 =$
$18 - 8 =$	$14 - 7 =$	$12 - 4 =$	$15 - 7 =$

8. Zählen und Klatschen

Zählen Sie gemeinsam mit Ihrem Kind von 1 bis 100. Jeder ist abwechselnd mit einer Zahl an der Reihe. Bestimmte Zahlen werden jedoch nicht laut ausgesprochen, sondern stattdessen wird ein Mal in die Hände geklatscht. Wenn jemand einen Fehler macht, muss das Spiel von vorne begonnen werden. Die Regeln können verschiedene Schwierigkeitsgrade haben.

a) Wenn in einer Zahl eine 1 als Ziffer vorkommt, wird geklatscht. Das Spiel beginnt also so: klatsch, 2, 3, 4, 5, 6, 7,

8, 9, klatsch, klatsch, klatsch, klatsch, klatsch, klatsch, klatsch, klatsch, klatsch, klatsch, 20, klatsch, 22, 23 … Statt mit einer 1 kann man das das Spiel natürlich auch mit jeder anderen Ziffer spielen.

b) Wenn in einer Zahl die Ziffer 3 vorkommt oder wenn sie durch 3 teilbar ist, wird geklatscht. Das Spiel beginnt also so: 1, 2, klatsch, 4, 5, klatsch, 7, 8, klatsch, 10, 11, klatsch, klatsch, 14, klatsch, 16, 17 … Natürlich kann man das Spiel auch mit jeder anderen Ziffer spielen. Ungeeignet sind nur die 1, denn dann würde nur geklatscht werden, und die 2, da dann einer der beiden Spieler immer in die Hände klatscht und nie eine Zahl zu sagen braucht.

c) Geklatscht wird bei allen Zahlen, in denen die Ziffer 3 vorkommt, die durch 3 teilbar sind oder deren Quersumme die Ziffer 3 enthält. Die Quersumme einer Zahl bekommt man, indem man ihre Ziffern addiert. So hat beispielsweise die Quersumme von 27 den Wert 9. Das Spiel beginnt nun so: 1, 2, klatsch, 4, 5, klatsch, 7, 8, klatsch, 10, 11, klatsch, klatsch, 14, klatsch, 16, 17 … Natürlich kann man das Spiel auch wieder mit anderen Ziffern spielen.

d) Es werden alle Zahlen durch einen Klatscher ersetzt, in denen die Ziffer 4 vorkommt, die durch 4 teilbar sind, in deren Quersumme die Ziffer 4 vorkommt und deren Quersumme durch 4 teilbar ist. Das Spiel beginnt also so: 1, 2, 3, klatsch, 5, 6, 7, klatsch, 9, 10, 11, klatsch, klatsch, klatsch, 15, klatsch, klatsch, 19 …

Übungen zur schriftlichen Addition

1. $10 + 30 =$	$100 + 3 =$	$40 + 60 =$	$70 + 20 =$
$50 + 40 =$	$200 + 22 =$	$900 + 9 =$	$300 + 4 =$
$60 + 10 =$	$10 + 4 =$	$400 + 40 =$	$100 + 200 =$
$20 + 50 =$	$500 + 6 =$	$70 + 7 =$	$500 + 300 =$

2. $17 + 22 =$ $47 + 28 =$ $29 + 7 =$ $23 + \ 7 =$
   $45 + 65 =$ $74 + 29 =$ $25 + 8 =$ $69 + 12 =$
   $76 + 16 =$ $16 + 15 =$ $59 + 2 =$ $63 + 17 =$
   $29 + 33 =$ $55 + 44 =$ $73 + 9 =$ $84 + \ 6 =$

3. $121 + \ 19 =$ $783 + 191 =$ $54 + 340 =$ $385 + 239 =$
   $64 + 876 =$ $683 + 123 =$ $750 + 120 =$ $428 + 184 =$
   $95 + 188 =$ $295 + 329 =$ $528 + \ 74 =$ $63 + 129 =$
  $783 + 183 =$ $437 + 284 =$ $654 + 269 =$ $190 + 719 =$

4. $234 + \ 23 + 755 =$ $163 + 811 + 900 =$ $875 + 598 + \ 43 =$
  $357 + 723 + \ 54 =$ $408 + \ 9 + \ 55 =$ $183 + \ 65 + \ 88 =$
  $780 + 201 + 164 =$ $98 + 123 + 561 =$ $7 + \ 65 + 429 =$
  $894 + 111 + 209 =$ $357 + 247 + 348 =$ $709 + 642 + 948 =$

5. Eine Kuriosität:

$$9\ 135\ 802\ 469\ 136 + 1\ 975\ 308\ 641\ 975 \qquad =$$
$$135\ 802\ 469\ 136 + 1\ 975\ 308\ 641\ 97 \qquad =$$
$$35\ 802\ 469\ 136 + 1\ 975\ 308\ 641\ 9 \qquad =$$
$$5\ 802\ 469\ 136 + 1\ 975\ 308\ 641 \qquad =$$
$$802\ 469\ 136 + 1\ 975\ 308\ 64 \qquad =$$
$$02\ 469\ 136 + 1\ 975\ 308\ 6 \qquad =$$
$$2\ 469\ 136 + 1\ 975\ 308 \qquad =$$
$$469\ 136 + 1\ 975\ 30 \qquad =$$
$$69\ 136 + 1\ 975\ 2 \qquad =$$
$$9\ 136 + 1\ 975 \qquad =$$
$$136 + 1\ 97 \qquad =$$
$$36 + 1\ 9 \qquad =$$

6. Vorsicht Falle!

Schreibe elftausendelfhundertundelf mit Ziffern.

Übungen zur schriftlichen Subtraktion

1. 40 – 30 =   103 – 3 =   80 – 60 =   70 – 20 =
   50 – 40 =   220 – 20 =   990 – 90 =   308 – 4 =
   60 – 10 =   100 – 10 =   400 – 300 =   900 – 200 =
   90 – 50 =   500 – 60 =   70 – 30 =   509 – 6 =

2. 57 – 22 =   47 – 28 =   29 – 7 =   23 – 7 =
   75 – 65 =   74 – 29 =   25 – 8 =   69 – 12 =
   76 – 16 =   16 – 15 =   59 – 2 =   63 – 17 =
   59 – 33 =   55 – 44 =   73 – 9 =   84 – 6 =

3. 121 – 19 =   983 – 891 =   454 – 340 =   385 – 239 =
   964 – 876 =   685 – 123 =   750 – 120 =   428 – 184 =
   295 – 188 =   395 – 329 =   528 – 74 =   163 – 129 =
   883 – 183 =   437 – 284 =   654 – 269 =   990 – 819 =

4. 845 – 123 – 34 =   548 – 274 – 104 =
   641 – 99 – 231 =   901 – 520 – 123 =
   911 – 728 – 88 =   800 – 259 – 205 =
   777 – 299 – 53 =   873 – 211 – 509 =
   733 – 701 – 32 =   500 – 27 – 411 =
   713 – 431 – 277 =   457 – 123 – 199 =

5. Addition und Subtraktion

   58 – 16 + 17 =   55 – 63 + 92 =   45 – 53 + 77 =
   14 + 35 + 71 =   87 + 81 – 87 =   21 + 23 + 25 =
   99 – 16 – 45 =   61 – 31 – 30 =   89 + 46 – 88 =
   36 + 88 – 39 =   74 – 53 + 76 =   57 – 15 + 17 =

Bitte achten Sie darauf, ob Ihr Kind auch mögliche Rechenvorteile sieht und nutzt. Beispielsweise ist es bei der letzten
Aufgabe, statt 57 – 15 + 17 zu rechnen, wesentlich einfa-

cher, zuerst $17 - 15 = 2$ und dann $57 + 2 = 59$ zu rechnen. Bei der Aufgabe $45 - 53 + 77$ kann ein negatives Zwischenergebnis vermieden werden, indem die Reihenfolge der Rechenschritte vertauscht wird.

6. Eine Kuriosität
$987\ 654\ 321 - 123\ 456\ 789 =$

Bei dieser Aufgabe haben der Minuend und der Subtrahend die neun Ziffern von 1 bis 9 in fallender bzw. in steigender Reihenfolge. Auch im Ergebnis kommt jede der Ziffern von 1 bis 9 einmal vor. Allerdings nicht mehr in der richtigen Reihenfolge.

7. Ein Zaubertrick
Die Spiegelzahl einer Zahl erhält man, indem man ihre Ziffern in umgekehrter Reihenfolge schreibt. So ist beispielsweise 154 die Spiegelzahl von 451. Falls Ihr Kind Spiegelzahlen nicht kennt, so erklären Sie sie ihm.

Dann schreiben Sie, ohne dass Ihr Kind es sehen kann, die Zahl 1089 auf einen Zettel und legen ihn verdeckt auf den Tisch. Nun behaupten Sie, hellsehen zu können. Sie sagen Ihrem Kind, es möge sich eine beliebige dreistellige Zahl ausdenken, deren Ziffern alle verschieden sein müssen. Dann soll es davon die Spiegelzahl bilden. Nun soll es die kleinere der beiden Zahlen von der größeren abziehen. Zu dem Ergebnis soll es die Spiegelzahl des Ergebnisses addieren. Dann lassen Sie sich die Summe nennen. Wenn Ihr Kind richtig gerechnet hat, so beträgt sie, wie Sie auf dem umgedrehten Zettel vorausgesagt haben, immer genau 1089.

Beispiel:

$$734 - 437 = 297$$
$$297 + 792 = 1089$$

Übungen zur schriftlichen Multiplikation

1. Einstellige Multiplikatoren

$35 \cdot 7 =$	$484 \cdot 8 =$	$777 \cdot 7 =$	$980 \cdot 7 =$	$6 \cdot 874 =$
$64 \cdot 9 =$	$945 \cdot 5 =$	$367 \cdot 3 =$	$782 \cdot 5 =$	$7 \cdot 721 =$
$82 \cdot 6 =$	$894 \cdot 2 =$	$873 \cdot 8 =$	$834 \cdot 6 =$	$3 \cdot 424 =$
$59 \cdot 3 =$	$480 \cdot 4 =$	$306 \cdot 6 =$	$162 \cdot 9 =$	$8 \cdot 176 =$

2. Mehrstellige Multiplikatoren

$123 \cdot 21 =$	$857 \cdot 34 =$	$785 \cdot 43 =$	$484 \cdot 667 =$
$45 \cdot 134 =$	$571 \cdot 129 =$	$54 \cdot 129 =$	$638 \cdot 121 =$
$223 \cdot 342 =$	$123 \cdot 456 =$	$63 \cdot 732 =$	$560 \cdot 100 =$
$876 \cdot 745 =$	$246 \cdot 135 =$	$759 \cdot 88 =$	$442 \cdot 659 =$

3. Mehrfache Multiplikationen

$25 \cdot 84 \cdot 4 =$	$65 \cdot 7 \cdot 54 =$	$47 \cdot 10 \cdot 55 =$
$17 \cdot 5 \cdot 20 =$	$28 \cdot 16 \cdot 66 =$	$9 \cdot 7 \cdot 71 =$
$42 \cdot 47 \cdot 12 =$	$22 \cdot 44 \cdot 12 =$	$82 \cdot 16 \cdot 62 =$
$73 \cdot 11 \cdot 32 =$	$81 \cdot 52 \cdot 74 =$	$64 \cdot 51 \cdot 6 =$

4. Addition, Subtraktion und Multiplikation

$410 - 17 \cdot 18 =$	$43 \cdot 65 \cdot 11 =$	$41 \cdot (15 - 13) =$
$19 \cdot 22 + 34 =$	$(81 - 15) \cdot 27 =$	$83 + 7 + 10 =$
$34 - 22 + 17 =$	$56 + 21 \cdot 7 =$	$9 + (11 \cdot 11) =$
$88 + 12 \cdot 46 =$	$7 \cdot 123 - 123 =$	$169 - 13 \cdot 13 =$

Achten Sie darauf, dass Ihr Kind die Regel »Punktrechnung geht vor Strichrechnung« beachtet.

5. Fakultäten

Schreibt man hinter einer Zahl ein Ausrufezeichen, so bedeutet das, man soll alle Zahlen von 1 bis hin zu dieser Zahl miteinander malnehmen. So ist $4! = 1 \cdot 2 \cdot 3 \cdot 4 = 24$.

Gesprochen wird das Ausrufezeichen als »Fakultät«, das heißt 4! wird als »vier Fakultät« gelesen.

Lassen Sie Ihr Kind die Werte von 1! bis 10! berechnen.

6. Eine Kuriosität

   $473 \cdot 8 =$

   $87 \cdot 21 =$

   $41 \cdot 35 =$

   $351 \cdot 9 =$

   $93 \cdot 15 =$

   $81 \cdot 27 =$

Bei diesen sechs Aufgaben besteht das Ergebnis aus den gleichen vier Ziffern wie die Faktoren.

7. Noch eine Kuriosität

   $21 \cdot 9 =$

   $321 \cdot 9 =$

   $4\,321 \cdot 9 =$

   $54\,321 \cdot 9 =$

   $654\,321 \cdot 9 =$

   $7\,654\,321 \cdot 9 =$

   $87\,654\,321 \cdot 9 =$

   $987\,654\,321 \cdot 9 =$

   $10\,987\,654\,321 \cdot 9 =$

8. Eine weitere Kuriosität

   $51.249.876 \cdot 3 =$

   $16.583.742 \cdot 9 =$

   $32.547.891 \cdot 6 =$

In den beiden Faktoren zusammen kommen alle Ziffern von 1 bis 9 je ein Mal vor. Auch im Ergebnis kommen alle Ziffern von 1 bis 9 genau ein Mal vor.

Übungen zur schriftlichen Division

1. Einstelliger Divisor

$85 : 5 =$	$196 : 4 =$	$608 : 8 =$	$6804 : 9 =$
$273 : 7 =$	$280 : 7 =$	$510 : 6 =$	$1392 : 4 =$
$162 : 9 =$	$162 : 6 =$	$56 : 2 =$	$7880 : 8 =$
$102 : 2 =$	$261 : 3 =$	$390 : 5 =$	$2412 : 3 =$

2. Mehrstelliger Divisor

$5775 : 25 =$	$8554 : 13 =$	$12321 : 37 =$
$4545 : 45 =$	$544 : 17 =$	$1024 : 512 =$
$10773 : 27 =$	$17746 : 38 =$	$4235 : 385 =$
$9916 : 134 =$	$19046 : 214 =$	$4080 : 12 =$
$4356 : 66$	$986 : 29 =$	$31964 : 61 =$
$10251 : 51 =$		

3. Division mit Rest

$74467 : 17 =$	$82730 : 33 =$	$86537 : 22 =$
$56235 : 25 =$	$12345 : 67 =$	$58002 : 31 =$
$34561 : 32 =$	$47739 : 11 =$	$10000 : 19 =$
$57824 : 21 =$	$63450 : 47 =$	$78450 : 30 =$

4. Multiplikation und Division

$17 \cdot 34 : 17 =$	$11 \cdot 12 \cdot 13 =$	$777 : 111 : 7 =$
$47 : 3 \cdot 6 =$	$12 : 5 \cdot 10 =$	$14 \cdot 25 : 5 =$
$155 : 5 \cdot 25 =$	$144 : 12 : 6 =$	$16 \cdot 27 \cdot 13 =$
$3 \cdot 63 : 9 \cdot 3 =$	$33 : 11 \cdot 15 =$	$69 : 23 \cdot 97 =$

Achten Sie ganz genau darauf, ob Ihr Kind Rechenvorteile sieht und nutzt.

Zum Beispiel sollte es bei der ersten Aufgabe sehen, dass es einfacher ist, statt $17 \cdot 34 : 17$ zu rechnen, die Reihenfolge zu ändern und stattdessen $17 : 17 \cdot 34 = 1 \cdot 34 = 34$ zu rechnen.

5. Eine Kuriosität

$$(11 - 2) : 9 =$$
$$(111 - 3) : 9 =$$
$$(1\ 111 - 4) : 9 =$$
$$(11\ 111 - 5) : 9 =$$
$$(111\ 111 - 6) : 9 =$$
$$(1\ 111\ 111 - 7) : 9 =$$
$$(11\ 111\ 111 - 8) : 9 =$$
$$(111\ 111\ 111 - 9) : 9 =$$

6. Noch eine Kuriosität

$$2521 : 2 =$$
$$2521 : 3 =$$
$$2521 : 4 =$$
$$2521 : 5 =$$
$$2521 : 6 =$$
$$2521 : 7 =$$
$$2521 : 8 =$$
$$2521 : 9 =$$
$$2521 : 10 =$$

Knobeleien

In diesem letzten Abschnitt finden Sie noch einige Denksport-aufgaben. Sie sind alle mit den Rechenkenntnissen lösbar, die in der Grundschule erworben werden. Bei manchen Aufgaben braucht man auch gar nicht zu rechnen, sondern kann sich die Lösungen mit dem gesunden Menschenverstand überlegen. Sie können diese Aufgaben zur Auflockerung in die Übungs-einheit einstreuen.

Die Lösungen dieser Knobeleien finden Sie im Anhang.

1. Auf dem Dachboden hängen ungeordnet sechs Paar schwar-ze und elf Paar weiße Socken zum Trocknen auf der Leine.

Es ist Nacht, und das Licht ist defekt. Man kann die Farbe der Socken nicht erkennen. Wie viele Socken muss man mindestens mitnehmen, damit man sicher sein kann, dass man zwei gleichfarbige dabei hat?

2. Ein Ziegelstein wiegt ein Kilogramm plus die Hälfte seines Gewichts. Wie schwer ist der Stein?

3. Eine Flasche Wein kostet 1,10 Euro. Der Wein ist einen Euro mehr wert als das Flaschenpfand. Wie hoch ist das Flaschenpfand?

4. a) Mit genau vier Vieren – keiner mehr und keiner weniger – soll eine Rechnung geschrieben werden, deren Ergebnis 1 ist. Es dürfen dabei zusätzlich Klammern, Plus-, Minus-, Mal- und Geteiltzeichen benutzt werden. Ein Beispiel ist 44 : 44 = 1. Wie viele findet Ihr Kind?
b) Auf die gleiche Weise sollen mit genau vier Vieren Rechnungen geschrieben werden, die die Zahlen von 2 bis 10 ergeben.
c) Welche anderen Ergebnisse kann man noch mit vier Vieren bekommen? Wie viele verschiedene findet Ihr Kind?

5. In die acht Lücken zwischen den Ziffern 1 2 3 4 5 6 7 8 9 darf jeweils ein Plus- oder ein Minuszeichen gesetzt werden. Die Lücke darf auch leer bleiben. Dann entsteht dadurch eine mehrstellige Zahl. Das Ergebnis der Rechnung soll 100 sein. Ein Beispiel ist 123 – 45 – 67 + 89 = 100. Es gibt zehn weitere Möglichkeiten. Wie viele findet Ihr Kind?

6. Magisches Quadrat
Bei einem magischen Quadrat ist die Summe der Zahlen in jeder Reihe, jeder Spalte und in den beiden Diagonalen gleich.

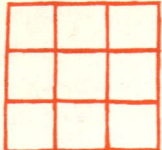

Die Zahlen von 1 bis 9 sollen so auf die neun Felder des Quadrats verteilt werden, dass ein magisches Quadrat entsteht.

7. Magisches Multiplikationsquadrat

Bei einem magischen Multiplikationsquadrat ist das Produkt der Zahlen in jeder Reihe, jeder Spalte und in den beiden Diagonalen gleich.

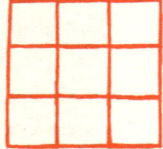

Die Zahlen von 1, 2, 4, 8, 16, 32, 64, 128 und 256 sollen so auf die neun Felder des Quadrates verteilt werden, dass ein magisches Multiplikationsquadrat mit dem Produkt 4096 entsteht.

8. Alphametik

Bei einer Alphametik sind die Ziffern einer Rechnung durch Buchstaben ersetzt worden. Dabei bedeuten gleiche Buchstaben auch gleiche Ziffern und verschiedene Buchstaben verschiedene Ziffern.

$$
\begin{array}{r}
AB \\
+ CB \\
\hline
BBA
\end{array}
\qquad
\begin{array}{r}
ABB \\
- CAB \\
\hline
AB
\end{array}
$$

Wie haben diese Rechnungen ursprünglich ausgesehen?

9. Von neun völlig gleich aussehenden Münzen ist eine
   unecht und schwerer als die anderen. Mit einer gewöhnlichen Balkenwaage soll mit nur zwei Wägungen die
   unechte Münze gefunden werden. Es gibt jedoch keine
   Gewichtsstücke für die Waage. Wie kann man das Problem lösen?

10. Die folgende Rechnung ist falsch, aber sie kann durch ei-
    nen zusätzlichen kleinen geraden Strich berichtigt werden.

    $5 + 5 + 5 = 550$

    Wo muss man den Strich einfügen? Es ist nicht erlaubt,
    aus der Gleichung eine Ungleichung zu machen.

11. Rechne: $12 \cdot 11 \cdot 10 \cdot 9 \cdot 8 \cdot 7 \cdot 6 \cdot 5 \cdot 4 \cdot 3 \cdot 2 \cdot 1 \cdot 0 =$

12. Auf einem Teich wächst eine Seerose. Sie vermehrt sich so
    stark, dass sie am Ende eines Monat jeweils eine doppelt so
    große Wasserfläche bedeckt wie am Ende des Vormonats.
    Nach zwölf Monaten ist die halbe Teichfläche von Seero-
    sen bedeckt. Wann ist der Teich vollständig zugewachsen?

13. Hannes schenkt seiner Mutter zum Geburtstag einen
    Strauß Blumen. Alle Blumen, bis auf zwei, sind Rosen.
    Außerdem sind alle Blumen, bis auf zwei, Tulpen. Und
    zudem sind alle Blumen, bis auf zwei, Nelken. Wie viele
    Blumen hat Hannes seiner Mutter geschenkt?

14. Ein Sportler rennt eine Strecke von 5000 Metern in 18
    Minuten. Wie lange brauchen sechs Sportler dafür?

15. Eine Kirchturmuhr braucht zwölf Sekunden, um vier Uhr
    zu schlagen. Wie lange dauert es, wenn sie zwölf Uhr
    schlägt?

Lösungen

Lösungen der Textaufgaben

Erstes Schuljahr

1. 3 + 5 + 2 = 10 Murmeln. Die Angabe von Annas Alter ist überflüssig.
2. 3 + 2 + 2 + 1 = 8 Brötchen. Der Brötchenpreis wird zur Lösung nicht gebraucht.
3. 18 − 5 = 13 Schokoriegel.
4. 7 + 6 = 13 Euro. Die Angabe von Max' Alter ist überflüssig.
5. 11 − 3 = 8 Spieler.
6. 1 + 2 + 3 + 4 + 5 + 6 = 21 Augen.
7. 6 + 4 + 5 = 15 Teile.
8. Michael besitzt 6 + 3 = 9 Euro und Moritz 4 + 4 = 8 Euro. Also ist Michael reicher. Der Altersunterschied wird nicht benötigt.
9. 20 − 5 − 3 = 12 Sammelbilder.
10. Lukas hat danach 9 + 3 = 12 Buntstifte und Markus 14 − 3 = 11 Buntstifte.
11. 15 − 3 − 1 = 9 Äpfel. Die Anzahl der Birnen und Pflaumen im Korb spielt bei der Rechnung keine Rolle.
12. 1 + 1 + 7 + 5 = 14 Kinder.
13. Die Aufgabe ist mit diesen Angaben nicht lösbar.
14. 8 + 3 + 1 + 2 + 3 + 2 = 19 Euro.
15. 10 − 3 = 7, 7 − 3 = 4, 4 − 3 = 1. Die Lutschstangen reichen nicht aus.
16. 20 − 6 + 4 = 18 Bierdeckel.
17. 5 + 4 + 3 + 3 + 1 = 16 Fenster. Die Anzahl der Türen ist überflüssig.
18. Familie Meier: 4 Kinder,
    Familie Becker: 3 Kinder,
    Familie Müller: 2 Kinder.   4 + 3 + 2 = 9 Kinder.

19. Ausprobieren.
    Tim: 18 − 1 = 17. Tom: 14 + 1 = 15
    Tim: 18 − 2 = 16. Tom: 14 + 2 = 16
    Tim gibt also zwei Bilder ab.
20. 0. Wenn alle aussteigen, ist niemand mehr im Bus.

Zweites Schuljahr

1. 8 · 8 = 64 Felder. Die Dicke des Schachbretts wird dazu nicht benötigt.
2. 2 + 2 + 4 + 4 + 4 + 16 = 32 Figuren.
3. 8 · 4 = 32 Stücke. Die Preisangabe ist überflüssig.
4. 4 · 4 = 16 Kilometer.
5. Anna: 7 · 7 = 49 Tage.
   Tobias: 50 Tage.
   Tobias ist älter.
6. Inga: 9 · 2 = 18 Cent.
   Christina: 4 · 5 = 20 Cent.
   Christina hat mehr Geld.
7. 8 · 6 = 48 Bilder.
8. 5 · 6 + 3 = 33 Augen.
9. 1 + 2 + 5 + 10 + 20 + 50 = 88 Cent. 1 + 2 = 3 Euro.
   3 Euro 88 Cent oder 388 Cent.
10. 31 − 7 = 24, 24 − 7 = 17, 17 − 7 = 10, 10 − 7 = 3.
    4 Wochen und 3 Tage.
11. 9 · 4 = 36 Reifen.
12. 8 + 4 + 20 = 32 Zähne.
13. Die Aufgabe ist mit diesen Angaben nicht lösbar.
14. 42 : 6 = 7 Kekse.
15. 9 · 2 = 18 Seiten.
16. 6 · 4 = 24 Spielsteine.
17. 56 − 51 = 5 Cent.
18. 13 + 11 + 4 = 28 Früchte.
19. 29 − 13 = 16 Kekse.
20. 3 · 4 · 50 = 600 Cent oder 6 Euro.

Drittes Schuljahr

1. 150 – 22 – 47 – 77 = 4 Euro. Das Geld reicht nicht mehr für den Schal.
2. 15 + 22 + 8 = 45 Bücher.
3. 985,24 – 322,00 – 34,25 = 628,99 Euro.
4. 3 410 000 + 1 567 000 + 1 270 000 + 1 005 000 = 7 252 000 Einwohner.
5. Christina wurde im Jahre 1955 + 34 = 1989 geboren. Im Jahre 2002 wurde sie 2002 – 1989 = 13 Jahre alt.
6. Er muss 9 · 2 + 7 · 5 + 6 · 7 = 95 Cent bezahlen. Also bekommt er 100 – 95 = 5 Cent zurück.
7. 7 · 7 = 49 Bäume. Die Zeitdauer zum Pflanzen eines Baumes wird nicht gebraucht.
8. 189 + 123 + 72 – 350 = 34 Euro.
9. 54 321 – 12 345 = 41 976
10. 17 948 000 – 12 044 000 = 5 904 000 Menschen.
11. 5 · 9 + 8 · 8 + 3 · 10 = 139 Teile. Der Preis spielt keine Rolle.
12. Gewöhnliches Jahr: 7 · 31 + 4 · 30 + 28 = 365 Tage. Schaltjahr: 365 + 1 = 366 Tage.
13. (32 – 2) : 3 = 10 Karten.
14. 29 + 32 + 28 + 30 + 31 + 32 + 28 = 210 Liter.
15. Die Aufgabe ist mit diesen Angaben nicht lösbar.
16. 1000 · 2 Cent = 2000 Cent = 20 Euro. Die Angabe des ursprünglichen Brötchenpreises ist überflüssig.
17. 4 · (11 + 10 + 2 + 3 + 4) = 120 Punkte.
18. 24 · 7 = 168 Runden.
19. Die Anzahl der Äpfel wird vier Mal nacheinander halbiert, dabei bleibt ein Apfel übrig. Also beträgt die ursprüngliche Äpfelzahl 1 · 2 · 2 · 2 · 2 = 16.
20. Die Aufgabe ist mit diesen Angaben nicht lösbar.

Viertes Schuljahr

1. 20 · 7 · 4 = 560 Cent oder 5,60 Euro.

2. $36 \cdot 7 + 24 \cdot 9 + 13 \cdot 12 = 624$ Bilder.
3. $38 \cdot 10 = 380$ Streichhölzer.
4. $2\,500 \cdot 12 = 30\,000$ Euro.
5. $24 \cdot 60 \cdot 60 = 86\,400$ Sekunden.
6. $(4 \cdot 7 + 3) \cdot 47 = 1457$ Kilometer.
7. Legoturm: $39 \cdot 9 = 351$ Millimeter. Duploturm: $20 \cdot 18$ $= 360$ Millimeter. Der Duploturm ist höher.
8. $423 : 3 = 141$ Cent.
9. $98 : 7 = 14$ Stunden. Die Angaben über den Durchmesser und die Höhe der Tonne sind überflüssig.
10. Insgesamt gibt es $5 \cdot 65 = 325$ Drops. Jedes Kind bekommt $325 : 25 = 13$ Drops.
11. $67 : 5 = 13$ Rest 2. Waldi bekommt also zwei Kekse.
12. $366 : 7 = 52$ Rest 2. Zweiundfünfzig Wochen und zwei Tage.
13. $855 : 9 = 95$ Steine.
14. $(20 + 51) \cdot 13 = 923$ Cent oder 9,23 Euro.
15. $500 : 27 = 18$ Rest 14. Sie bekommt 18 Brötchen.
16. $306 : 17 = 18$ Stufen.
17. $7 \cdot 7 \cdot 7 \cdot 6 = 2058$ Beine.
18. $35 + 2 \cdot 45 + 22 = 147$ Euro.
19. $11\,000 - 3150 = 7850$ Meter. Die Jahreszahlen sind überflüssig.
20. Hannah: $\qquad 4 \cdot 60 + 27 = 267$ Sekunden
    Gundula: $\qquad 267 + 17 = 284$ Sekunden
    Eva: $\qquad 4 \cdot 60 + 58 = 298$ Sekunden
    Richard: $\qquad 298 - 23 = 275$ Sekunden
    Marie: $\qquad 275 - 10 = 265$ Sekunden
    Jan: $\qquad 287$ Sekunden
    Elke: $\qquad 267 + 12 = 279$ Sekunden
    Ansgar: $\qquad 5 \cdot 60 + 3 = 303$ Sekunden
    Die Kinder kommen in dieser Reihenfolge ins Ziel: Marie, Hannah, Richard, Elke, Gundula, Jan, Eva, Ansgar.

Lösungen der Übungen für das erste und zweite Schuljahr

1. =   <   =   =   −   −
    >   >   <   =   −   <
    <   =   =   <   +   −
    <   =   <   =   +   −
    =   >   >   >   −   =
    >   <   >   <   +   −

2. | 6 | 8 | 8 | 8 |
    |----|----|----|----|
    | 10 | 6 | 9 | 6 |
    | 7 | 9 | 9 | 10 |
    | 8 | 3 | 10 | 10 |

3. | 19 | 20 | 10 | 9 |
    |----|----|----|----|
    | 9 | 19 | 17 | 20 |
    | 15 | 14 | 19 | 18 |
    | 20 | 19 | 18 | 19 |

4. | 11 | 11 | 11 | 13 |
    |----|----|----|----|
    | 13 | 15 | 17 | 20 |
    | 12 | 18 | 11 | 15 |
    | 16 | 9 | 13 | 17 |

5. | 2 | 4 | 7 | 2 |
    |----|----|----|----|
    | 2 | 4 | 5 | 2 |
    | 3 | 3 | 1 | 3 |
    | 4 | 1 | 8 | 1 |

6. | 17 | 3 | 12 | 11 |
    |----|----|----|----|
    | 1 | 15 | 2 | 11 |
    | 11 | 10 | 13 | 14 |
    | 12 | 1 | 3 | 10 |

7.	9	9	9	6
	8	9	11	8
	8	3	8	7
	10	7	8	8

Lösungen der Übungen zur schriftlichen Addition

1.	40	103	100	90
	90	222	909	304
	70	14	440	300
	70	506	77	800

2.	39	75	36	30
	110	103	33	81
	92	31	61	80
	62	99	82	90

3.	140	974	394	624
	940	806	870	612
	283	624	602	192
	966	721	923	909

4.	1012	1874	1516
	1134	472	336
	1145	782	501
	1214	952	2299

5.   11 111 111 111 111
      333 333 333 333
      55 555 555 555
      7 777 777 777
      1 000 000 000
      22 222 222

4 444 444

666 666

88 889 (Hier gibt es einen kleinen Schönheitsfehler.)

11 111

333

55

6. 11 111 oder 111 111 ist falsch. Rechnen wir einmal nach:

elftausend : 11000
elfhundert: 1100
elf: 11
_____
               12111

Lösungen der Übungen zur schriftlichen Subtraktion

1.	10	100	20	50
	10	200	900	304
	50	90	100	700
	40	440	40	503

2.	35	19	22	16
	10	45	17	57
	60	1	57	46
	26	11	64	78

3.	102	92	114	146
	88	562	630	244
	107	66	454	34
	700	153	385	171

4.	688	170

	311	258
	95	336
	425	153
	0	62
	5	135

5.	59	84	69
	120	81	69
	38	0	47
	85	97	59

6.   864 197 532

Lösungen der Aufgaben zur schriftlichen Multiplikation

1.	245	3872	5439	6860	5244
	576	4725	1101	3910	5047
	492	1788	6984	5004	1272
	177	1920	1836	1458	1408

2.	2 583	29 138	33 755	322 828
	6 030	73 659	6 966	77 198
	76 266	56 088	46 116	56 000
	652 620	33 210	66 792	291 278

3.	8 400	24 570	25 850
	1 700	29 568	4 473
	23 688	11 616	81 344
	25 696	311 688	19 584

4.	104	30 745	82
	452	1 782	100
	29	203	130
	640	738	0

5. 1! =   1   6! =   720
    2! =   2   7! =   5 040
    3! =   6   8! =   40 320
    4! = 24   9! =   362 880
    5! = 120   10! = 3 628 800

6. 3 784
    1 827
    1 435
    3 159
    1 395
    2 187

7. 189
    2 889
    38 889
    488 889
    5 888 889
    68 888 889
    788 888 889
    8 888 888 889
    98 888 888 889

8. 153 749 628
    149 253 678
    195 287 346

Lösungen der Übungen zur schriftlichen Division

1. 17   49   76   756
    39   40   85   348
    18   27   28   985
    51   87   78   804

2. | 231 | 658 | 333 | 101 |
    | 32 | 2 | 399 | 467 |
    | 11 | 74 | 89 | 340 |
    | 66 | 34 | 524 | 201 |

3. | 4380 Rest 7 | 2506 Rest 32 | 3933 Rest 11 |
    | 2249 Rest 10 | 184 Rest 17 | 1871 Rest 1 |
    | 1080 Rest 1 | 4339 Rest 10 | 526 Rest 6 |
    | 2753 Rest 11 | 1350 | 2615 |

4. | 34 | 1716 | 1 |
    | 94 | 24 | 70 |
    | 775 | 2 | 5616 |
    | 63 | 45 | 291 |

5. 1
    12
    123
    1 234
    12 345
    123 456
    1 234 567
    12 345 678

6. 1260 Rest 1
    840 Rest 1
    630 Rest 1
    504 Rest 1
    420 Rest 1
    360 Rest 1
    315 Rest 1
    280 Rest 1
    252 Rest 1

Lösungen der Knobeleien

1. Man muss nur drei Socken mitnehmen. Dann hat man entweder drei weiße, drei schwarze, eine weiße und zwei schwarze oder eine schwarze und zwei weiße Socken. Auf jeden Fall ist ein Paar gleichfarbige Socken dabei.

2. Der Stein hat ein Gewicht von zwei Kilogramm. Denn dann wiegt er ein Kilogramm plus die Hälfte seines Gewichts, das auch ein Kilogramm beträgt.

3. Das Flaschenpfand kostet 5 Cent und der Wein 1,05 Euro.

4. a) $1 = (4+4) : (4+4)$
      $1 = 4 : 4 + 4 - 4$
      $1 = (4 \times 4) : (4 \times 4)$
      $1 = 4 \cdot 4 : 4 : 4$
      usw.
   b) Hier ist jeweils eine von mehreren Möglichkeiten aufgelistet.
      $1 = 44 : 44$
      $2 = 4 : 4 + 4 : 4$
      $3 = (4 + 4 + 4) : 4$
      $4 = 4 + (4 - 4) : 4$
      $5 = (4 \cdot 4 + 4) : 4$
      $6 = 4 + (4 + 4) : 4$
      $7 = 44 : 4 - 4$
      $8 = 4 + 4 + 4 - 4$
      $9 = 4 + 4 + 4 : 4$
      $10 = (44 - 4) : 4 = 10$

5. $123 + 4 - 5 + 67 - 89 = 100$
   $123 + 45 - 67 + 8 - 9 = 100$
   $123 - 4 - 5 - 6 - 7 + 8 - 9 = 100$

$$12 - 3 - 4 + 5 - 6 + 7 + 89 = 100$$
$$12 + 3 + 4 + 5 - 6 - 7 + 89 = 100$$
$$1 + 23 - 4 + 5 + 6 + 78 - 9 = 100$$
$$1 + 2 + 34 - 5 + 67 + 8 + 9 = 100$$
$$12 + 3 - 4 + 5 + 67 + 8 + 9 = 100$$
$$1 + 23 - 4 + 56 + 7 + 8 + 9 = 100$$
$$1 + 2 + 3 - 4 + 5 + 6 + 78 + 9 = 100$$

6. Die Summe in jeder Reihe, Spalte und Diagonalen beträgt 15.

6	1	8
7	5	3
2	9	4

Es sind auch noch andere Lösungen möglich, die aber alle durch Drehen oder Spiegeln dieser einen Lösung entstehen.

7.

32	1	128
64	16	4
2	256	8

Es sind auch hier noch andere Lösungen möglich, die aber alle durch Drehen oder Spiegeln dieser einen Lösung entstehen.

8.
$$\begin{array}{r} 21 \\ + 91 \\ \hline 112 \end{array} \qquad \begin{array}{r} 500 \\ - 450 \\ \hline 50 \end{array}$$

9. Man teilt die neun Münzen in drei Gruppen zu je drei Münzen auf. Nun legt man die erste Gruppe auf die linke Schale der Waage und die zweite Gruppe auf die rechte Schale. Senkt sich nun eine Schale ab, so liegt die unechte Münze in dieser Schale. Bleibt die Waage hingegen im Gleichgewicht, so ist die unechte Münze in der dritten Gruppe. Auf jeden Fall hat man nun die Gruppe gefunden, in der die unechte Münze ist. Bei der zweiten Wägung legt man eine Münze dieser Gruppe in die linke und eine in die rechte Schale. Senkt sich eine Schale, so befindet sich darin die unechte Münze. Bleibt die Waage im Gleichgewicht, so ist die dritte Münze der Gruppe die unechte.

10. $545 + 5 = 550$

11. $12 \cdot 11 \cdot 10 \cdot 9 \cdot 8 \cdot 7 \cdot 6 \cdot 5 \cdot 4 \cdot 3 \cdot 2 \cdot 1 \cdot 0 = 0$, denn der letzte Faktor ist 0.

12. Nach einem weiteren Monat, also nach insgesamt 13 Monaten.

13. Der Strauß besteht aus drei Blumen, nämlich aus einer Rose, einer Tulpe und einer Nelke.

14. Auf keinen Fall drei Minuten. Falls alle gleich schnell rennen, was aber nicht gesagt wurde, so braucht natürlich jeder 18 Minuten.

15. Die Zeit verstreicht nicht während des eigentlichen Glockenschlags der Uhr, sondern während der Pausen zwischen zwei Schlägen. Beim 4-Uhr-Schlag gibt es drei und beim 12-Uhr-Schlag elf Pausen. Also dauert der 12-Uhr-Schlag $12 : 3 \cdot 11 = 44$ Sekunden.

Weiterführende Literatur

Endres, Wolfgang: So macht Lernen Spaß. © Beltz Verlag.
Weinheim 15. Aufl. 2000

Gerster, Hans-Dieter:
Schülerfehler bei schriftli-
chen Rechenverfahren –
Diagnose und Therapie.
© Herder Verlag. Freiburg
1982

Hemme, Heinrich: Korfs
spannende Rätselgeschichten.
© Aulis Verlag Deubner.
Köln 2001

Krüll, Karin Elke: Rechenschwäche –
was tun.
© Ernst Reinhardt Verlag. München
3. Aufl. 2000

Krüll, Karin Elke: So macht Rechnen
wieder Spaß. © Ernst Reinhardt Verlag. München 2000

Metzler, Beate: Hilfe bei Dyskalkulie.
© Verlag Modernes Lernen. Dortmund 2001

Petermann, Franz: Entspannungstechniken für Kinder und
Jugendliche.
© Beltz Verlag. Weinheim 2. Aufl. 2000

Padberg, Friedhelm: Didaktik der Arithmetik. © Spektrum
Akademischer Verlag. Heidelberg 2. Aufl. 1996

Radatz, Hendrik: Fehleranalysen im Mathematikunterricht.
© Vieweg Verlag. Braunschweig 1979

Röhrig, Ralf: Mathematik mangelhaft. © Rowohlt
Taschenbuch Verlag. Reinbek b. Hamburg 3. Aufl. 2001

Kopiervorlagen

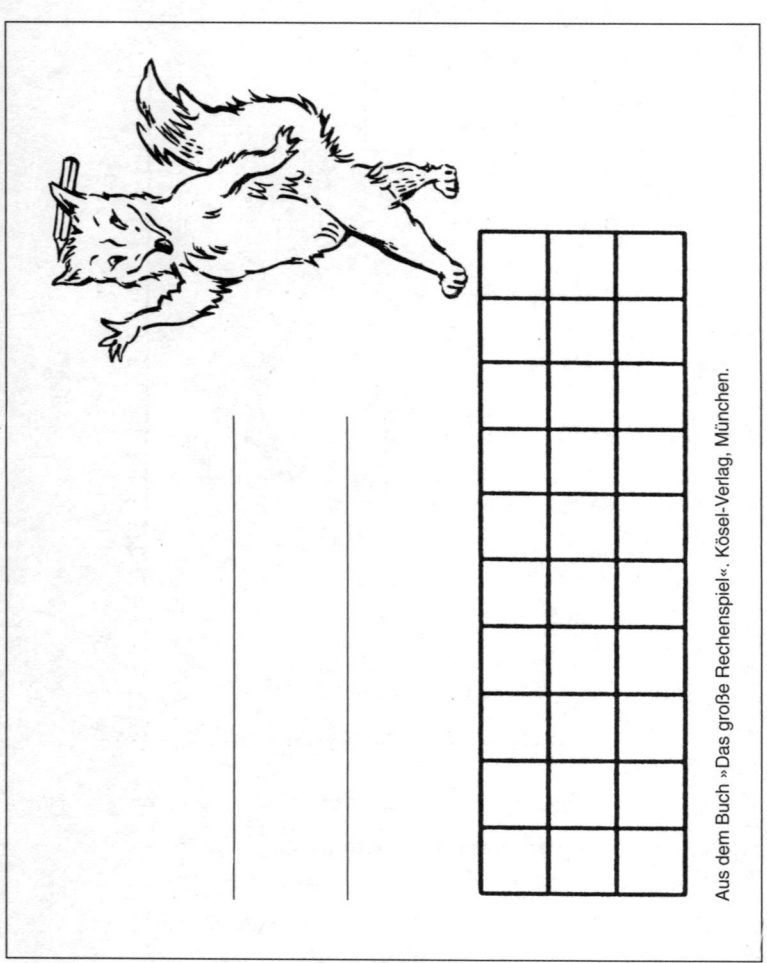

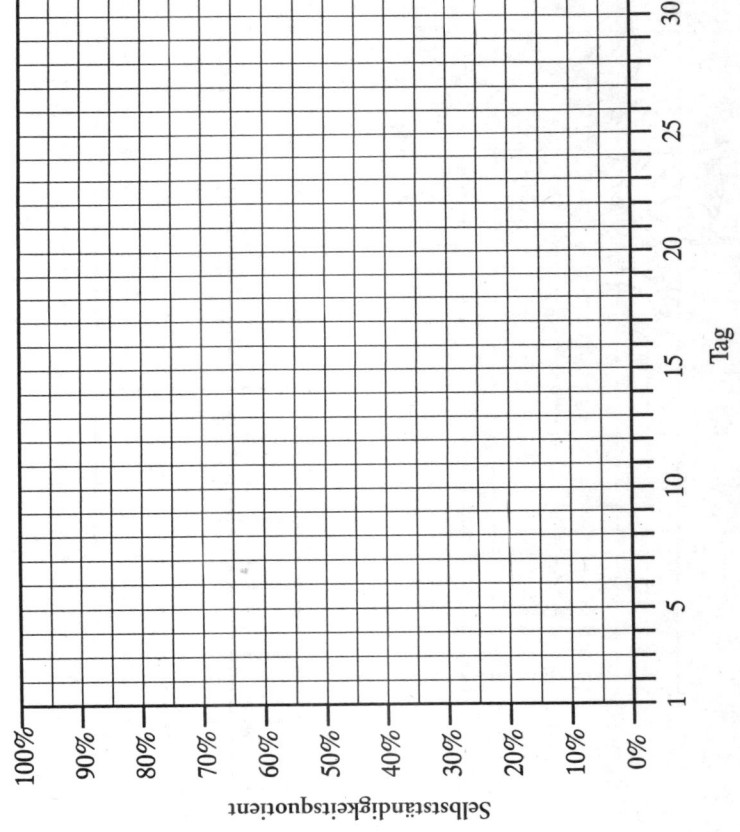

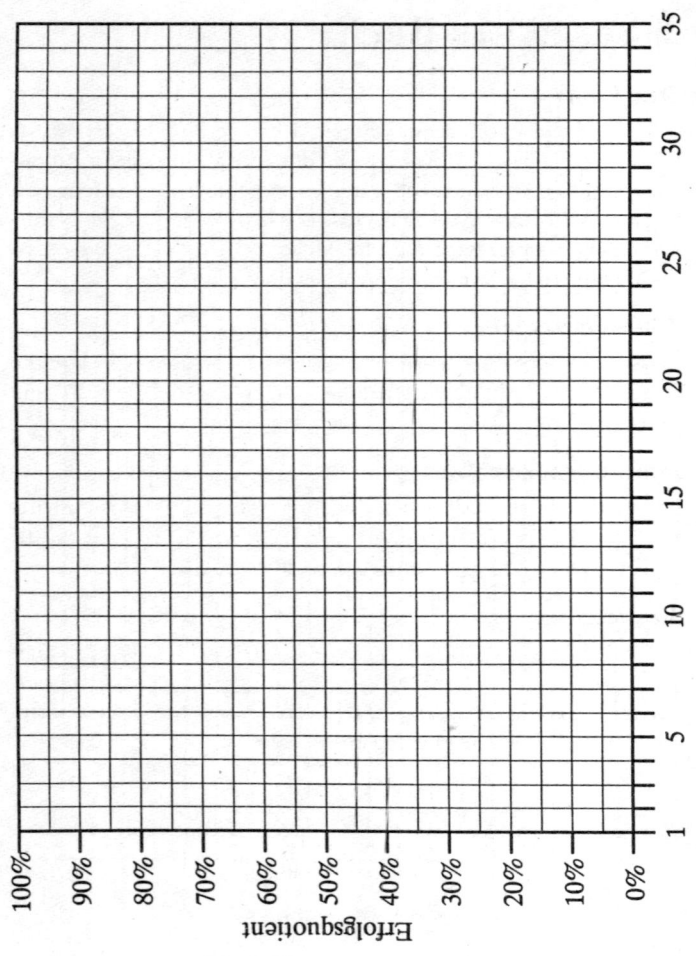

Über dieses Buch

Der Autor

Prof. Dr. Heinrich Hemme, Jahrgang 1955, ist Professor für Physik an der Fachhochschule Aachen und dort vor allem mit der Ausbildung von Maschinenbau-Ingenieuren betraut. Er beschäftigt sich seit vielen Jahren mit der Didaktik der Mathematik und der Naturwissenschaften und hat zahlreiche Bücher zu diesem Themenbereich veröffentlicht, die in mehrere Sprachen übersetzt wurden.

Die Illustratorin

Beate Brömse ist Illustratorin und Malerin. Sie arbeitet für zahlreiche Verlage, und ihre Arbeiten wurden u. a. in »graphis annual« und »novum« veröffentlicht. Beate Brömse lebt in München.

Haftungsausschluss

Die Inhalte dieses Buches sind sorgfältig recherchiert und erarbeitet worden. Dennoch können weder der Autor noch der Verlag für die Angaben in diesem Buch eine Haftung übernehmen.

Impressum

Es ist nicht gestattet, Abbildungen oder Texte dieses Buches zu digitalisieren, auf PCs oder CDs zu speichern oder einzeln oder zusammen mit anderen Bildvorlagen/Texten zu manipulieren, es sei denn mit schriftlicher Genehmigung des Verlages.

Lizenzausgabe für den Kösel-Verlag, München 2002
© 2002 Verlagsgruppe Weltbild GmbH, Steinerne Furt 67, 86167 Augsburg
3. Auflage 2003
Alle Rechte vorbehalten

Projektleitung: Dr. Ulrike Strerath-Bolz
Redaktion: Dr. Thomas Rosky, Claudia Krader
Umschlag: X-design, München
Titelfoto: Jens Kron, Augsburg
Innenlayout und Satz: Dirk Risch, Berlin
Druck und Bindung: Clausen & Bosse GmbH, Birkstr. 10, 25917 Leck

Gedruckt auf chlorfrei gebleichtem Papier

Printed in Germany

ISBN 3-466-30605-1

Stichwortverzeichnis